D E S I

M A N A G E M E N T

设计"一本通"丛书

设计管理

陈根 编著

電子工業出版社

Publishing House of Electronics Industry

北京·BEIJING

内 容 简 介

设计管理是设计团队实现目标的重要保障。本书内容包括设计管理概述、产品开发的管理、用户需求研究的管理、产品生命周期的管理、产品设计团队的管理、产品推广运营的管理、品牌创新设计与发展的管理，共 7 章。

本书内容涵盖了设计管理的多个重要环节，在许多方面提出了创新性的观点，可以帮助从业人员更深刻地了解设计管理专业、系统地提升设计管理的创新能力和竞争力，指导和帮助欲进入设计行业的人员深化产业认识和提升专业知识技能。本书可作为高校相关专业的学生学习设计、设计管理、设计营销与策划等的教材和参考书。

图书在版编目（CIP）数据

设计管理 / 陈根编著．—北京：电子工业出版社，2023.6

（设计"一本通"丛书）

ISBN 978-7-121-45767-8

Ⅰ．①设… Ⅱ．①陈… Ⅲ．①产品设计－企业管理 Ⅳ．① F273.2

中国国家版本馆 CIP 数据核字（2023）第 103634 号

责任编辑：秦　聪　　　　　　　特约编辑：田学清
印　　刷：中国电影出版社印刷厂
装　　订：中国电影出版社印刷厂
出版发行：电子工业出版社
　　　　　北京市海淀区万寿路 173 信箱　　　　邮编：100036
开　　本：720×1000　　1/16　　印张：14　　　字数：224 千字
版　　次：2023 年 6 月第 1 版
印　　次：2023 年 6 月第 1 次印刷
定　　价：88.00 元

凡所购买电子工业出版社图书有缺损问题，请向购买书店调换。若书店售缺，请与本社发行部联系，联系及邮购电话：（010）88254888，88258888。

质量投诉请发邮件至 zlts@phei.com.cn，盗版侵权举报请发邮件至 dbqq@phei.com.cn。

本书咨询联系方式：（010）88254568，qincong@phei.com.cn。

　　设计是什么呢？人们常常把"设计"一词挂在嘴边，如那套房子设计得不错、这个网站的设计很有趣、那把椅子的设计真好……即使不懂设计，人们也喜欢说这个词。2017 年，世界设计组织（World Design Organization，WDO）为设计赋予了新的定义：设计是驱动创新、成就商业成功的战略性解决问题的过程，通过创新性的产品、系统、服务和体验创造更美好的生活品质。

　　设计是一个跨学科的专业，它将创新、技术、商业、研究及消费者紧密联系在一起，共同进行创造性活动，并将需解决的问题、提出的解决方案进行可视化，重新解构问题，将其作为研发更好的产品和建立更好的服务、体验或商业的机会，提供新的价值和竞争优势。设计通过其输出物对社会、经济、环境及伦理问题的回应，帮助人类创造一个更好的世界。

　　由此可以理解，设计体现了人与物的关系。设计是人类本能的体现，由人类的审美意识驱动，是人类进步与科技发展的产物，是人类生活质量的保证，是人类文明进步的标志。

　　设计的本质在于创新，创新则不可缺少工匠精神。本丛书得到"供给侧结构性改革"与"工匠精神"这一对时代"热搜词"的启发，洞悉该背景下诸多设计领域新的价值主张，立足创新思维；紧扣当今各设计学科的热点、难点和重点，构思缜密、完整，精选了很多与设计理论紧密相关的案例，可读性强，具有较强的指导作用和较高的参考价值。

　　米歇尔·法瑞在 1966 年率先提出了设计管理的概念："设计管理

指针对特定的设计问题，寻找合适的设计师，并且尽可能地使设计师能在预算中按时解决设计问题。"他将设计管理视为解决设计问题的一项功能。而美国设计管理学会主席多威尔对设计管理的定义则更为有效地从设计者的角度传达出其内涵："以使用者为中心，对有效产品、信息和环境进行开发、组织、计划和资源支配。"设计管理已经成为设计公司和企业提高效率、创造财富的一件利器，越来越受到设计界和企业界的重视。日本产品能够具有很强的国际竞争力，在设计与营销上不断创新的重要原因就是运用了设计管理，把设计管理作为设计创新和企业发展的重要因素。正如约翰·麦克阿瑟所说："当全球竞争变得愈来愈激烈时，竞争策略的新方向逐渐受到重视。其中最重要的是设计及设计管理。"

市场多样化对产品设计提出了更高的要求，不仅要注重技术质量的提高和突破，更要强调将创新的设计思维贯穿整个设计和营销的过程，突出产品设计创新、营销创新、品牌创新、服务创新等多组合创新。而企业在建立和发展自己的品牌时，不仅要考虑商业因素，还应当积极引入设计管理模式，整合品牌理念、产品信息、设计资源，以市场为先导加强部门沟通协作，将设计作为核心价值加以科学管理，通过设计管理与品牌建设的结合最大化地为品牌利益服务。

本书紧扣当今设计管理的热点、难点与重点，分为设计管理概述、产品开发的管理、用户需求研究的管理、产品生命周期的管理、产品设计团队的管理、产品推广运营的管理、品牌创新设计与发展的管理，共7章。本书知识体系缜密完整，精选了与理论紧密相关的案例，方便读者轻松地理解和接受。

本书内容涵盖了设计管理的多个重要环节，在许多方面提出了创新性的观点，可以帮助从业人员更深刻地了解这门学科，还可以指导和帮助欲进入设计管理行业的人员深化产业认识和提升专业知识技能，也可作为高校相关专业的学生学习设计、设计管理、设计营销与策划等的教材和参考书。

由于编著者水平及时间有限，书中不妥之处，敬请广大读者及专家批评指正。

编著者

CONTENTS **目录**

第 1 章　设计管理概述 1

1.1　产品是实现营销价值的根本 2

1.2　设计管理的 4 个重要作用 5

1.2.1　设计管理与企业经营的关系 …………………… 5

1.2.2　推动企业的良好发展 ……………………………… 6

1.2.3　提升企业的品牌价值 ……………………………… 6

1.2.4　提高企业设计人员的综合竞争力 …………………… 8

1.3　设计管理发展的宏观背景 8

1.3.1　和顾客联系的新方式 ……………………………… 9

1.3.2　大数据时代 ……………………………………… 10

1.3.3　更加重视品牌价值 ……………………………… 11

1.3.4　产品生命周期不断缩短 ……………………… 12

1.3.5　销售商的权力增加 ……………………………… 12

1.3.6　促销的费用高于广告的费用 …………………… 13

1.3.7　更加重视顾客保留计划 ……………………… 13

1.3.8　全球化竞争更加跌宕起伏 …………………… 13

第 2 章　产品开发的管理 14

2.1　产品开发流程的 5 个作用 15

2.2　新产品的特点与分类 17

2.2.1　新产品的特点 ……………………………… 17

2.2.2　新产品的分类 ……………………………… 17

2.3　产品概念开发流程的 10 个工作　20

2.3.1　识别顾客需求 ……………………………………… 21
2.3.2　建立目标规格 ………………………………………… 21
2.3.3　生成产品概念 ………………………………………… 22
2.3.4　选择产品概念 ………………………………………… 22
2.3.5　测试产品概念 ………………………………………… 22
2.3.6　确定最终规格 ………………………………………… 22
2.3.7　规划后续开发 ………………………………………… 23
2.3.8　进行经济分析 ………………………………………… 23
2.3.9　竞争性产品的标杆比较 ……………………………… 23
2.3.10　建立、测试模型和样机 …………………………… 24

2.4　产品类型及开发流程比较　24

2.4.1　技术推动型产品 ……………………………………… 25
2.4.2　平台型产品 …………………………………………… 26
2.4.3　流程密集型产品 ……………………………………… 27
2.4.4　定制型产品 …………………………………………… 27
2.4.5　高风险产品 …………………………………………… 28
2.4.6　快速构建型产品 ……………………………………… 28
2.4.7　复杂系统型产品 ……………………………………… 29

2.5　新产品开发的成功与失败　30

2.5.1　新产品开发成功与失败的标准 ……………………… 30
2.5.2　案例：苹果公司的产品开发流程 …………………… 31

第 3 章　用户需求研究的管理　35

3.1　市场研究的重要性　37

3.2　市场研究的主要内容　38

3.2.1　用户需求研究 ………………………………………… 39

3.2.2　竞争研究 ·· 42

3.2.3　市场分析 ·· 44

3.3　市场研究的 12 个常用方法   **46**

3.3.1　用户观察访谈 ······································· 46

3.3.2　焦点小组 ·· 48

3.3.3　卡片分类 ·· 49

3.3.4　用户模型 ·· 50

3.3.5　文化探析 ·· 55

3.3.6　头脑风暴法 ··· 56

3.3.7　问卷调查 ·· 61

3.3.8　SWOT 分析法 ·· 63

3.3.9　语义差异法 ··· 65

3.3.10　卡诺分析法 ·· 67

3.3.11　A/B 测试 ··· 70

3.3.12　眼动测试 ·· 73

3.4　提出满足用户需求的设计方案   **78**

3.4.1　彻底研究每个需要改进的方面 ················ 82

3.4.2　确定创新的范围 ····································· 82

3.4.3　研究可行方案 ·· 83

3.4.4　设计和测试样本 ····································· 84

3.4.5　撰写详尽的报告 ····································· 84

3.5　成功度的评估   **85**

3.5.1　实用性 ··· 86

3.5.2　表达性 ··· 87

3.5.3　可靠性 ··· 88

第 4 章　产品生命周期的管理　93

4.1　产品生命周期　93

4.1.1　产品生命周期的 4 个阶段 ……………………… 94

4.1.2　产品生命周期曲线 …………………………… 95

4.2　产品生命周期各阶段的营销策略　98

4.2.1　介绍期的营销策略 …………………………… 99

4.2.2　成长期的营销策略 …………………………… 101

4.2.3　成熟期的营销策略 …………………………… 102

4.2.4　衰退期的营销策略 …………………………… 104

4.3　产品生命周期管理的相关内容　106

4.3.1　产品生命周期管理的概念及特点 …………… 106

4.3.2　典型的产品生命周期管理应用 ……………… 107

4.4　产品生命周期管理实施成功的案例　108

第 5 章　产品设计团队的管理　116

5.1　设计进度计划　116

5.1.1　制定时间表 …………………………………… 116

5.1.2　时间管理 ……………………………………… 119

5.2　团队合作　122

5.2.1　设计团队的构成 ……………………………… 122

5.2.2　团队工作的基本要素 ………………………… 125

5.2.3　设计团队和设计人员的资质 ………………… 126

5.2.4　明确团队成员的职责 ………………………… 131

5.2.5　成功的设计团队的特征 ……………………… 132

5.2.6　不同的设计团队的组织形式 ………………… 134

5.2.7　团队管理的问题处理 ·············· 143

5.3　创意管理　145

5.3.1　管理的艺术 ·············· 145

5.3.2　员工的评估 ·············· 148

5.3.3　领导风格 ·············· 149

5.3.4　团队职责及冲突处理 ·············· 155

5.3.5　RACI 矩阵图 ·············· 159

5.3.6　有效的设计评价 ·············· 160

第 6 章　产品推广运营的管理　163

6.1　决定有效产品推广的关键因素　164

6.1.1　市场调查与分析 ·············· 164

6.1.2　有效的产品规划与管理 ·············· 164

6.1.3　终端建设与人员管理 ·············· 165

6.1.4　促销活动的策划与宣传 ·············· 166

6.2　App 营销在产品推广运营中的作用　166

6.3　广告设计在产品推广运营中的作用　171

6.3.1　广告设计的 3 个功能 ·············· 171

6.3.2　案例：民生信用卡 15 周年"聚无不胜" ·············· 173

6.4　包装设计在产品推广运营中的作用　175

6.5　店铺陈列设计在产品推广运营中的作用　178

6.5.1　刺激顾客购买欲 ·············· 179

6.5.2　展现产品的价值 ·············· 181

6.5.3　提升品牌形象 ·············· 182

6.5.4　减少或清空库存 ·············· 184

6.6　网站设计在产品推广运营中的作用　185

第 7 章　品牌创新设计与发展的管理　190

7.1　敏锐洞悉外部环境的变化　191

7.1.1　消费者需求的变化　·································　192

7.1.2　市场环境的变化　·································　192

7.1.3　技术进步与媒介发展　·································　193

7.1.4　产业发展的推动　·································　195

7.2　勇敢进行自我突破　198

7.2.1　品牌战略的转变　·································　198

7.2.2　设计理念的更新　·································　200

7.2.3　品牌形象的升级　·································　202

7.2.4　品牌重命名　·································　208

参考文献　211

第1章

设计管理概述

　　设计管理是一门研究如何对设计活动进行高效管理的应用学科。这门学科起源于英国，时间可追溯至 20 世纪二三十年代，但当时的学者并未确切定义设计管理这一学科。1966 年，设计管理的第一个定义由英国设计师米歇尔·法瑞提出，"设计管理的功能是界定设计问题，寻找最合适的设计师，创造一种环境，并使他们在既定的时间和预算内解决问题"。随着科学技术的不断进步及企业经营发展战略的变革创新，设计活动也变得越来越复杂，它开始与其他相关学科合作，依靠不同行业的学科专业知识完成。在设计管理的产生及发展过程中，一些发达国家的企业相继将设计管理理论应用到产品研发、市场开拓等过程中，为企业带来了良好的经济效益。例如，在日本经济萧条时期，大量企业倒闭，企业为了生存必须降低生产成本，提高效率，当时的企业管理者将设计管理理论与节约材料、提高效率相结合，将保证、提高产品品质作为设计管理活动的核心部分，在一定程度上减缓了当时日本经济的衰退步伐。而从现在来看，由于在实际生产管理过程中运用了先进的设计管理理论，日本产品在国际市场中具有很强的竞争力。20 世纪七八十年代，设计管理在企业经营管理活动中起到的作用更加明显。而随着设计管理理论的日趋成熟，一些经济发达国家在其

设计管理是设计的骨架，是设计的核心。有效的设计管理已成为企业适应当代社会快速变化和企业发展的必不可少的系统。

高校中先后成立了设计管理学院或设立设计管理相关专业。

2016 年，"供给侧结构性改革"成为中国经济的年度词语。 中国国内大量产品出现滞销的情况；而 1.5 万亿元的海外购物额却体现出我国人民大量的消费需求。随着设计管理理论的成熟及其在实际生产管理过程中起到的作用越来越大，设计管理得到了人们的普遍认可。越来越多的企业开始把设计管理理论运用到企业的日常经营活动中，如产品的市场定位、生产、后期追踪与服务等各个方面。

设计管理是设计的骨架，是设计的核心。有效的设计管理已成为企业适应当代社会快速变化和企业发展的必不可少的系统。只有有效地运用设计管理理论，才能设计出最初的设想，才能给企业带来巨大的经济效益。

1.1　产品是实现营销价值的根本

现代营销学之父菲利普·科特勒对产品的定义：为市场提供的，能引起人的注意、获取、使用和消费，以满足欲望或需要的任何东西。跳出市场营销，可以更广泛地思考产品：产品可以是东西，可以是服务，可以是想法，可以是人生，可以是团队，可以是理念，甚至可以是思想。

产品是营销价值的原点，营销的最终目的都是销售和实现产品的价值。产品设计是指从确定产品设计任务书起到确定产品结构为止的一系列技术工作的准备和管理，是产品开发的重要环节，是产品生产过程的开始。由于在产品设计阶段要确定产品的结构、规格，从而确定整个生产系统的布局，因此，产品设计的意义重大，具有牵一发而动全身的重要意义。如果一个产品设计缺乏生产观点，那么生产时将耗费大量费用来调整设备、物料和劳动力。相反，好的产品设计，不仅表现在功能的优越性上，而且便于制造、生产成本低，能有效增强产品的综合竞争力。许多在市场竞争中占优势的企业都十分注意产品设计的细节，以便设计出造价低又具有独特功能的产品。许多发达国家的企业都把产品设计看作热门的战略工具，认为好的产品设计是赢得顾客的关键。

一些人认为，产品要实用，因此，产品设计首先要考虑功能，其次才考虑形状；而另一些人认为，设计应是丰富多彩的、异想天开的和使人感到有趣的。一项成功的产品设计应满足多方面的要求。这些要求有社会发展的要求，有经济效益的要求，也有使用要求或生产工艺要求。设计人员要综合考虑这几个方面的要求。

1. 社会发展的要求

设计和试制新产品必须以满足社会需要为前提。这里的社会需要不仅是眼前的社会需要，还包括较长时期的发展需要。为了满足社会发展的需要，开发先进的产品、加速技术进步是关键。为此，必须加强对国内外技术发展的调查研究，尽可能吸收世界先进技术。有计划、有选择、有重点地引进世界先进技术，有利于赢得时间，尽快填补技术空白，培养人才和取得经济效益。

2. 经济效益的要求

设计和试制新产品的主要目的之一是满足市场不断变化的需求，以获得更好的经济效益。好的产品设计可以解决顾客所关心的各种问题，如产品功能如何、手感如何、是否容易装配、能否重复利用、产品质量如何等；同时，好的产品设计可以节约能源和原材料、提高劳动生产率、降低成本等。所以，在设计产品结构时，一方面要考虑产品的功能、质量，顾及原料和制造成本的经济性；另一方面要考虑产品是否具有投入批量生产的可能性。

3. 使用的要求

新产品要为社会所承认，并能取得经济效益，就必须从市场和用户需要出发，充分满足使用的要求。这是对产品设计的基本要求。使用的要求主要包括以下内容。

（1）使用的安全性。设计产品时，必须对使用过程中可能出现的种种不安全因素采取有力措施。同时，设计人员还要考虑产品的人机工程性能。

（2）使用的可靠性。可靠性是指产品在规定的时间内和预定的使用条件下正常工作的概率。可靠性与安全性相关联。可靠性差的产品，会给用户带来不便，甚至造成使用危险，使企业信誉受到损害。

（3）易于使用。对于民用产品（如家电等），产品易于使用十分重要。另外，设计人员还要考虑与产品有关的美学问题，产品外形和使用环境、用户特点等问题。在可能的条件下，应设计出用户喜爱的产品，提高产品的欣赏价值。

4. 生产工艺的要求

生产工艺对产品设计的最基本要求就是产品结构应符合工艺原则，也就是在规定的产量规模条件下，能采用经济的加工方法，制造出合乎质量要求的产品。这就要求所设计的产品结构能够最大限度地降低产品制造的劳动量、减轻产品的重量、减少材料消耗、缩短生产周期、降低制造成本。

1.2　设计管理的 4 个重要作用

设计管理对企业经营的重要作用如图 1-1 所示。

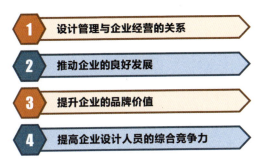

1 设计管理与企业经营的关系

2 推动企业的良好发展

3 提升企业的品牌价值

4 提高企业设计人员的综合竞争力

◎ 图 1-1　设计管理对企业经营的重要作用

1.2.1　设计管理与企业经营的关系

设计管理的重要内容之一是企业如何开展经营活动。现代企业的发展不仅要运用科学的企业管理实现企业的利润最大化，而且要建立一个高效的企业管理机制。

（1）设计是产品能否被消费者接受的直接因素。设计管理以实现产品的最大价值为出发点，解决在设计过程中出现的经济、决策、组织创新、项目管理、人才配置等问题。因此，现代设计管理主要从企业管理战略出发，而设计管理的应用情况直接影响企业管理战略。

設计管理能够满足企业生产经营过程中的个性化
需求，为企业制定针对自身特点的工作战略及方法，
从而提高工作效率和产品的市场竞争力，加强不同领
域间的合作，并创造独特的企业形象。

（2）设计管理能够满足企业生产经营过程中的个性化需求，为企业制定针对自身特点的战略及方法，从而提高工作效率和产品的市场竞争力，加强不同领域间的合作，并创造独特的企业形象。

1.2.2　推动企业的良好发展

根据设计管理的定义与范围可知，设计管理的重点为设计决策、设计组织、设计项目。三者的核心都是"设计创新"，也就是说，企业的设计管理工作开展的起点与重心都是企业及其产品的创新。在当今经济条件下，国内企业之间竞争日趋激烈，企业要想在市场上保持优势，就必须不断创新，这样才能在市场上占据领先地位。产品创新对企业的作用不仅表现在维护企业的竞争地位上，而且表现在能使企业获得更多的利润上。有数据显示，全球多数企业销售额和利润的30%~40%来自其近五年内开发的新产品。同时，具有世界影响力的企业多数都有向市场推出更多新产品的能力，如韩国三星公司、美国苹果公司等多家大型跨国企业，每年都要发布多项新产品。在设计管理中，产品创新战略的有效执行需要满足某些要求，如企业高层管理者积极有效地投入、管理层制定清晰稳定的产品目标、营销部门做出迅速的试探性改进、有效的信息沟通及良好的跨行业合作能力。

1.2.3　提升企业的品牌价值

在当今的产品市场中，企业形象和品牌价值关系到企业的生存与发展。依靠先进的设计管理，企业将拥有良好的企业形象，并实

现品牌价值的不断增值。一个具有良好企业形象的企业将赢得客户及其支持者的信任。越来越多的企业通过设计管理提升品牌价值并获得成功。韩国的三星集团正是其中之一，从一家为日本代工黑白电视机的工厂到享有世界瞩目的国际品牌的企业，三星集团总裁认为："21 世纪企业经营的决胜关键在于设计。"三星集团对于设计的重视始于 1993 年，此后，三星集团提出"把作为企业无形资产的核心力量与企业竞争力源泉的品牌价值提高到世界水平"的口号，将设计管理作为提升品牌价值的核心动力，制定"以设计带领品牌"的策略，并在世界舞台上持续绽放光彩。

英国品牌评估咨询公司"品牌金融"（Brand Finance）发布"2022 年全球品牌价值 500 强"榜单，苹果公司以 3550 亿美元的创纪录品牌估值蝉联全球最具价值品牌称号（见图 1-2）。

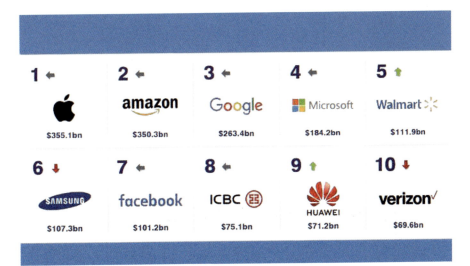

◎ 图 1-2 "2022 年全球品牌价值 500 强"榜单前 10 名（单位：bn=billion）

目睹这些世界名牌标志的昂贵身价，我们就不难理解为什么企业都那么重视企业的品牌形象了。因为品牌形象具有不可抗拒的潜在促销力和支持力，能帮助企业走向成功，能给企业带来巨大的市场效益。

1.2.4 提高企业设计人员的综合竞争力

在企业经营中，新产品的出现源于产品设计，而任何设计都是由设计人员或设计团队完成的。设计管理对设计人员的作用主要体现在以下两个方面。

（1）从企业经营外部来看，设计管理是设计人员与消费者之间的"协调者"，即消费者的需求需要通过设计管理，形成准确、简洁的设计需求提供给设计人员或设计团队，从而指导设计人员或设计团队完成满足市场需求的新产品研发。

（2）从企业人力资源来看，设计人力资源的工作绩效体现在设计人员所创造的价值上。设计管理基于设计人力资源在产品设计创新中的核心地位开展工作，完成设计角色工作职责规划等一系列工作；基于设计人员的能力，考虑团队成员的知识结构配备，形成一种互补的关系，建立设计团队。以上都是对设计人力资源的有效规划。

1.3 设计管理发展的宏观背景

人们常说，唯一不变的就是变化。为了适应营销环境中的变化，我们正面临着越来越复杂的挑战，这些挑战主要体现在八个方面的变化，如图 1-3 所示。

新零售：企业以互联网为依托，通过运用大数据、人工智能等先进的技术手段，将产品的生产流通和销售过程进行升级改造，进而重塑业态结构和生态圈，并将线上服务、线下体验及现代物流进行深度的融合而形成的零售新核心。

1 和顾客联系的新方式

2 大数据时代

3 更加重视品牌价值

4 不断缩短的产品生命周期

5 销售商的权力增加

6 促销的费用高于广告的费用

7 更加重视顾客保留计划

8 全球化竞争更加跌宕起伏

◎ 图1-3　设计管理发展的宏观背景

1.3.1　和顾客联系的新方式

对于一些传统企业而言，一些传统的营销手段已经很难促使现今的市场产生重大的改变了。如果想将企业的销售渠道完全打开，企业就必须引进新的思维和新的方法。而网络购物正好为现今的传统企业提供了一个很好的机会与平台，传统企业通过借助第三方平台和建立自有平台纷纷试水网络购物。构建合理的网络购物平台、整合渠道、完善产业布局成为传统企业未来发展的重心和出路。

新零售即企业以互联网为依托，通过运用大数据、人工智能等先进的技术手段，将产品的生产流通和销售过程进行升级改造，进而重塑业态结构和生态圈，并将线上服务、线下体验及现代物流进行深度的融合而形成的零售新核心。新零售最大的特点便是数字化、全渠道及更灵活的供应链三个维度的交互融合。其中，数字化是核心，也是全渠道和更灵活的供应链的实现基础。

数字化的实质就是将信息转化为数据，从而对实体元素进行合理、高效的统筹安排、管理和分配。渠道打通的重点并不是线下开店、线上开发 App，而是考验企业的数字化程度、对于数据的挖掘能力、云端的统筹能力，以及线下店铺和物流体系的协同反应能力。全渠道的核心在于为消费者提供无缝的购物体验，作用是实现线上和线下流量的无缝转化。

中国经济已进入增速放缓和动力转型的关键期，进入了从投资和出口主导转向消费主导增长的关键阶段。消费对中国经济增长贡献率逐年稳步增长，成为推动经济发展的核心驱动力，消费结构随之发生变化。中国消费者的消费重心转向居家、健康、文化、娱乐、教育和信息等发展型和康乐型消费，更加注重生活品质，对商品和服务的质量、安全、效能的需求提升。

在创新驱动战略的引领下，新技术、新业态、新模式、新消费风起云涌，从外卖美食到无人超市；从移动支付到智能家电，新技术引爆新产业，新业态激发新活力，新模式拓宽新路径，新消费缔造新变革。

1.3.2　大数据时代

大数据指需要新处理模式才能具有更强的决策力、洞察力和流程优化能力的海量、高增长率和多样化的信息资产。在维克托·迈尔·舍恩伯格及肯尼斯·库克耶编写的《大数据时代》一书中，大数据指不用随机分析法（抽样调查）这样的捷径，而采用对所有的数据进行分析处理的方法。大数据的 5V 特点如图 1-4 所示。

如今，要保证营销的效果就需要进行更加复杂的信息管理。由于在超级市场中迅速推广了扫描仪，包装消费品公司就可以更及时地获得质量更好的，且与市场份额、销售额及分销有关的信息。通过更多地使用信息技术，零售商和制造商能更加有效地跟踪几乎所有通过零售系统售出的商品。数据库营销——从计算机化的顾客名单中生成营销计划，正在成为争取和挽留顾客的一个重要方法。

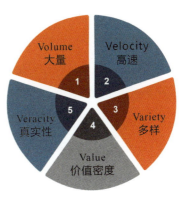

◎ 图 1-4　大数据的 5V 特点

1.3.3　更加重视品牌价值

20 世纪 80 年代是促销和折价的时代。这些活动也许可以在短期内增加销售额，但对品牌在顾客中的评价会产生负面影响——令人联想到优质的品牌开始和低价及折扣搅和到一起了。20 世纪 90 年代的一个主要趋势是，人们认识到一家公司所拥有的最宝贵的资产之一就是它的品牌形象及顾客对它的信任。

品牌价值是一个品牌的终极追求，是一个品牌营销活动的原点，是一个品牌的精髓，也是一个品牌一切资产的源泉，因为它是驱动消费者认同、喜欢乃至爱上一个品牌的主要力量。品牌价值是在消费者与企业的互动下形成的，所以它必须被企业内部认同，同时经过市场检验并被市场认可。品牌价值还是品牌延伸的关键。如果延伸的领域超越了品牌价值所允许的范围，就会给品牌带来危害。

1.3.4　产品生命周期不断缩短

在基于技术的产业中有一个重要现象，就是产品生命周期正在缩短。由于数目更多的竞争对手们争相加快产品的革新进程，大多数产品达到成熟期的时间已经被压缩了。这就迫使设计师们不断想出点子来延长产品生命周期，从而延长该品牌产品可以产生利润的时间。常用手法包括重新定位、改变产品特色、找到产品的新用途或琢磨出一个新点子来。正在缩短的产品生命周期意味着利润生命周期也会逐渐缩短，因而现在比过去任何时候都更加强调在将一种产品首次推向市场时不能犯错误的重要性。这使得市场调研和新产品开发与市场营销之间的相互作用变得更加重要。

1.3.5　销售商的权力增加

在 20 世纪 80 年代中期以前，由于信息不对称，制造商和零售商在讨价还价时占据着优势地位，而制造商有更好的数据收集方法，所以比零售商更了解销售中的产品。现在，信息技术有了改进，制造商和零售商建立了共同开发计量系统的合作关系，这一切使双方在获取销售和市场份额数据时处于平等地位上。结果，分销渠道中的权力从制造商那里转给了零售商。这让制造商们清楚地看到，必须把零售商作为关键顾客来对待，而且要同他们保持着密切的联系。

1.3.6　促销的费用高于广告的费用

这个趋势主要表现在消费品上。花在促销，尤其是交易促销上的高额费用，加上价格下滑的压力（主要归咎于成功的私有品牌产品），大大压低了利润率。对品牌价值的投资和一些关于削减交易促销开销的呼吁，都在试图扭转这一趋势，但它们没有奏效。由此产生的不良后果是，对市场份额愈演愈烈的争夺使产品管理变得更加追求短期效应。

1.3.7　更加重视顾客保留计划

各家企业越来越熟悉顾客终身价值这个概念，即通过计算一位顾客今后所有购买额的折扣收入流来衡量顾客的价值。要用更多的力量来挽留现有顾客，而不是吸引品牌更换者，因为后者最终更有可能跑到别人那里去。于是，设计师们更加注意以下各项工作：顾客服务和满意计划、数据库营销，以及目的在于让现有顾客满意和使他们购买更多产品的广告和促销计划。

1.3.8　全球化竞争更加跌宕起伏

毫无疑问，作为设计师，必须做好迎接世界范围内的竞争的准备。设计师不但需要合理的组织结构，还应该具备在多种文化背景下开展业务的经验和知识。

第 2 章

产品开发的管理

　　企业开展市场研究，确定产品战略及定位，通过对产品生命周期管理及产品矩阵分析，梳理产品线并开展产品线规划管理，在产品线优化及管理的基础上提出产品上市方案，而后便进入产品设计及开发管理阶段。

　　产品设计及开发阶段的任务复杂，周期长，投入大，应该采用跨职能部门的项目团队组织模式，遵循决策流程及创新流程，运用规范的项目管理方法进行有效管理。

　　在这个过程中，需要先明确产品决策流程及机制，这有助于产品开发项目得到正确的孵化。产品决策是通过阶段性评审流程进行的，需要设立若干个阶段性评估评审环节。只有产品开发项目在预定时间内达到明确定义的阶段性目标，才能获准进入下一个阶段。

　　在产品决策过程中要建立产品审批委员会，由企业高层管理者及相关人员组成产品决策高层领导小组。

　　针对具体的产品开发项目，需要成立项目小组推动新产品设计及开发流程中的相关工作。项目小组一般由 5~8 个成员组成，每个成员都有特定的工作岗位及任务。

2.1　产品开发流程的 5 个作用

产品开发流程是企业构想、设计产品，并使其商业化的一系列步骤或活动，这些活动大都是脑力的、有组织的活动，而不是自然的活动。有些组织可以清晰界定并遵循一个详细的产品开发流程，而有些组织甚至不能准确描述其流程。此外，每个组织采用的流程与其他组织都会略有不同。实际上，同一家企业对不同类型的产品开发项目也可能采用不同的流程。

尽管如此，对产品开发流程进行准确的界定仍是非常有用的（见图 2-1）。

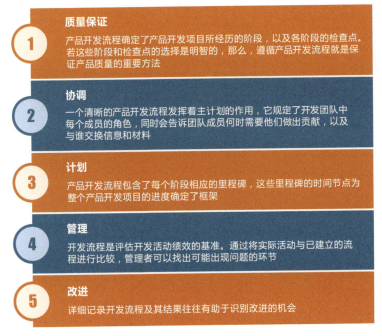

◎ 图 2-1　产品开发流程的 5 个作用

基本的产品开发流程包括 6 个阶段，如表 2-1 所示。产品开发流程开始于规划阶段，该阶段将研究与技术开发活动联系起来。规划阶段的输出是项目的使命陈述，它是概念开发阶段的输入，也是开发团队的行动指南。

产品开发流程的结果是产品发布，产品可在市场上购买。

表2-1 基本的产品开发流程

	市场营销部门	设计部门	制造部门	其他职能部门
阶段1：规划	• 表述市场机会 • 定义细分市场	• 考虑产品平台与产品架构 • 评估新技术	• 识别生产限制 • 制定供应链策略	• 研究：证实现有的技术 • 财务：提供计划目标 • 常规管理：分配项目资源
阶段2：概念开发	• 收集顾客需求 • 识别主要用户 • 识别竞争产品	• 调查产品概念的可行性 • 开发工业设计概念 • 建立并测试实验原型机	• 评估制造成本 • 评估生产可行性	• 财务：进行经济分析 • 法律：调查专利问题
阶段3：系统设计	• 编制产品选择和扩展的产品系列计划	• 开发产品架构 • 定义主要子系统及接口 • 优化工业设计 • 进行初步的部件工程	• 确定关键部件的供应商 • 进行自制—外购分析 • 确定最终装配方案	• 财务：进行自制—外购分析 • 服务：确定服务问题
阶段4：详细设计	• 编制市场营销计划	• 确定零件几何形状 • 选择原材料 • 分配公差 • 完成工业设计控制文件	• 定义部件生产流程 • 设计工艺装备 • 确定质量保证流程 • 开始长周期工艺装备的采购	
阶段5：测试与改进	• 改进和优化物料计划，以便于进行现场测试	• 测试全部的性能，如可靠性、耐久性 • 获取监管机构的批准 • 评估环境影响 • 实施设计变更	• 启动供应商生产活动 • 完善制造与组装流程 • 培训员工 • 改进质量保证流程	• 销售：编制销售计划
阶段6：试产扩量	• 向关键顾客提供早期产品	• 评估早期的产出	• 开始整个生产系统的运行	• 总体管理：进行项目后评估

2.2　新产品的特点与分类

2.2.1　新产品的特点

开发、设计、研究新产品的目的和本质是为人们服务、提高人们的生活质量。对企业来说，开发新产品主要在于销售，而销售的对象是消费者，最终决定新产品命运的也是消费者。因此，不能满足消费者的需求的新产品就不是优秀的新产品。新产品的 5 个特点如图 2-2 所示。

◎ 图 2-2　新产品的 5 个特点

具有现代意义的新产品的开发是指产品的创新和将产品的要素合理组合，以获得更大效益的全过程的活动。新产品的开发包括产品的规划，产品从构思到试制、生产和销售，以及产品的品牌策划等方面的活动。

2.2.2　新产品的分类

为了使各部门在进行新产品开发时能有计划、有组织地进行，有必要将新产品进行分类，以明确设计人员的职责和权限，使工作更加有效地开展。

1. 根据产品目标进行分类的新产品（见表 2-2）

表 2-2　根据产品目标进行分类的新产品

	现行产品	再规格化产品	代替产品
现行市场 （靠现有市场水平来销售）		就现行的企业产品，确保原价、品质和利用度的最佳平衡的产品	靠现在未采用的技术的产品比现行产品更新、更好，规模化了的产品
	再商品化产品	改良产品	扩大系列产品
强化市场 （充分开拓现行产品的既存市场）	对现在的消费者增加销售额的产品	就现行的企业产品，确保原价、品质和利用度的最佳平衡的产品	现在有产品的改进或更新，使其注入较多的新价值
	新用途产品	扩大市场产品	新产品
新市场 （新市场的新需要的获得）	要开发利用企业现行产品的新消费者群	通过局部改变现行产品来开拓市场	在新市场销售由新技术开发的产品

2. 根据研究开发方法分类的新产品（见图 2-3）

1　追求目的型新产品
面对问题或开发目的应该做什么、能做什么，基于此探究解决的方法和技术，用这种方法开发的新产品即追求目的型新产品

2　应用原理型新产品
针对出现问题的地方，从根本上探究其结构和原理，利用研究的结果和知识创造的新产品即应用原理型新产品

◎ 图 2-3　根据研究开发方法分类的新产品

3 类推置换型新产品
将在其他成功的新产品中所应用的知识、法则、材料及其智慧、经验等应用于自己正在设计的产品中去，用这种方法开发的新产品即类推置换型新产品

4 分析统计型新产品
不是来自计划性的研究成果，而是综合汇集由经验和知识等统一性事实，将其结果应用于开发新产品（不是实验数据，而是凭借现有数据解析的方法），这样的产品即分析统计型新产品

5 技术指向型新产品
从研究人员的技术、兴趣出发，决定开发什么产品，是一种从企业方面的观点来开发的方法，用这种方法开发的新产品即技术指向型新产品

6 市场指向型新产品
以市场信息为基础的经营者对市场的兴趣和关心为主题，决定应开发什么产品，用这种方法开发的新产品即市场指向型新产品

◎ 图 2-3　根据研究开发方法分类的新产品（续）

3. 根据研究开发过程分类的新产品（见表 2-3）

表 2-3　根据研究开发过程分类的新产品

创新型新产品	指采用了新的原理、新的技术、新的材料、新的制造工艺、新的设计构思而研制生产的，具有新结构、新功能的全新型产品。这种类型的产品往往是与发明创造、专利等联系在一起的	具有明显的技术优势和经济优势，在市场上的生命力较强，但开发中需要大量的资金和时间，而且市场风险比较大，需要建立全新的市场销售渠道。根据调查，创新型新产品只占市场新产品的 10% 左右
更新换代型新产品	指应用新技术原理、新的材料、新的元件、新设计构思，在结构、材质、工艺等某一方面有所突破，或者较原产品有明显改进，从而显著提高产品性能或扩大使用功能，并对提高经济效益具有一定作用的产品	具有一定程度的本质变化和一定的技术经济优势，产品的性能有重大的改变；外部造型有比较大的改观；产品的功能及使用方便性有比较大的改进。更新换代型新产品在开发的资金、时间、工作难度等方面都要比创新型产品小，在市场销售上往往不需要建立全新的市场销售渠道。根据调查，更新换代型新产品占市场新产品的 10% 左右

改良型新产品	指对原来的产品在性能、结构、外部造型或包装等方面做出改变	在功能上、结构上、造型上相对老产品都呈现出新的特点；开发的难度相对比较小；在销售上往往不需要建立新的销售渠道。 根据调查，改良型新产品占市场新产品的26%左右
系列型新产品	指在原来的产品大类里，开发出来新品种、新花色、新规格的产品，是对老产品进行的系统延伸和开拓	此类别的新产品与原来的大类别产品差异性不大，需要的开发资金、时间等都要比开发通常的新产品少，不需要建立全新的销售渠道。 根据调查，系列型新产品开发占市场新产品的26%左右
降低成本型新产品	指对原来的产品利用新科技改进生产工艺来提高生产效率、降低生产成本，但是保持原来功能的产品	降低成本型新产品的开发所需要的开发资金和时间，以及开发的工作难度都要比开发创新型产品小，不需要建立全新的销售渠道。 根据调查，降低成本型新产品开发占市场新产品的11%左右

2.3　产品概念开发流程的 10 个工作

与其他阶段相比，产品概念开发阶段需要更多职能部门之间的协调。在这里，我们将产品概念开发阶段扩展为我们所称的前端过程。前端通常包含许多相互关联的活动，其大致的排序如图 2-4 所示。

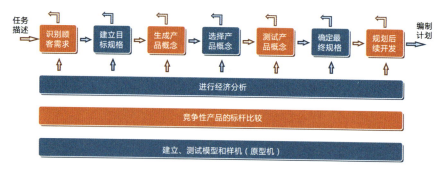

◎ 图 2-4　构成产品概念开发阶段的前端活动

整个流程很少是在等上游活动结束之后下游活动才开始的。实际上，这些前端的活动在时间上可以重叠，也经常会发生迭代。图 2-4 中的带转折的箭头反映了产品开发流程中的不确定性。几乎在任何阶段，新获取的信息或结果都可能引发团队回过头重新开始先前的活动，而这种对上游已完成活动的重复称为迭代。

产品概念开发流程包括如图 2-5 所示的 10 个主要工作。

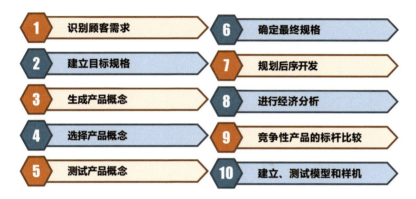

◎ 图 2-5　产品概念开发流程中的 10 个主要工作

2.3.1　识别顾客需求

该活动的目的是了解顾客的需求，并有效地传达给开发团队。这一步的输出是一组精心构建的顾客需求陈述，可将其列为层次化列表，并将大多数或所有需求的权重也列在其中。

2.3.2　建立目标规格

规格说明是对产品必要功能的精确描述，它将顾客的需求转化为技术术语。在开发流程的早期就要设定目标规格，其代表了开发团队的期望。之后，这些规格将被进一步完善，以使其与产品的约束条件相一致。这个阶段的输出是一系列的目标规格，它包含各参数的边界值和理想值。

2.3.3　生成产品概念

生成产品概念的目的是深入探索可以满足顾客需求的产品概念空间。生成产品概念包括外部探索、团队内创造性的问题解决及各种解决方案的系统性探索。此活动通常输出 10 ~ 20 个概念，每个概念通常由一个草图伴以简短的描述性文本来表示。

2.3.4　选择产品概念

选择产品概念是指对不同的产品概念进行分析和逐步筛选，以确定最有前景的产品概念。这一流程通常需要多次迭代，可能产生新的概念并不断完善。

2.3.5　测试产品概念

测试产品概念是指对一个或多个产品概念进行测试，以验证顾客需求是否得到满足，并评估产品的市场潜力，找出在下一步开发中需弥补的缺陷。如果顾客反映不好，开发项目可能被终止，必要时可重复一些早期的活动。

2.3.6　确定最终规格

当一个产品概念被选择和测试后，先前设置的目标规格将再次进行确认。在这个时间点，开发团队必须确定参数的具体值，以反映产品概念的固有约束、通过技术建模识别的限制条件，以及成本和性能之间的权衡。

2.3.7　规划后续开发

规划后序开发是概念开发阶段的最后一项活动。在该活动中，开发团队将编制详细的开发进度计划，制定项目进度压缩的战略，并识别完成项目所需的资源；可把前端活动的主要成果编写成合同书，该合同书包含使命描述、顾客需求、所选产品概念的细节、产品规格、产品的经济分析、开发进度计划、项目人员配置和预算。合同书使开发团队与企业高层管理者之间达成的一致意见文档化。

2.3.8　进行经济分析

开发团队通常在财务分析师的支持下建立新产品的经济模型。该模型用于判断整个开发项目继续开展的合理性，并解决具体的权衡问题（如开发成本与制造成本之间的权衡）。经济分析是贯穿整个概念开发阶段的活动。在项目开始之前就要开展早期的经济分析，随着更多信息的获得，分析工作也会不断更新。

2.3.9　竞争性产品的标杆比较

对竞争性产品的理解是对新产品正确定位的关键，也为产品和生产流程的设计提供了丰富的创意来源。竞争性产品的标杆比较可以支持前端的许多活动。

2.3.10 建立、测试模型和样机

产品概念开发流程的每个阶段都涉及各种形式的模型和样机。这些模型可能包括（但不限于）早期帮助开发团队验证可行性的概念验证模型、可以向顾客展示以评估人体工程学和风格的形式化模型、用于技术权衡的表格模型、用来设置稳健性设计参数的实验测试模型。

2.4 产品类型及开发流程比较

前面描述了基本的开发流程，特定的开发流程会随着项目具体情况和企业具体环境的不同而有所不同。基本的开发流程类似于在市场拉动情况下使用的流程：企业从具有市场机会开始产品开发，然后寻找可以满足市场需求的技术。

表 2-4 所示是几种常见的产品类型及相应的开发流程形式：基本型（市场拉动）产品、技术推动型产品、平台型产品、流程密集型产品、定制型产品、高风险产品、快速构建型产品和复杂系统型产品。

表 2-4 产品类型及相应的开发流程形式

产品类型	描　述	显著的特性	示　例
基本型（市场拉动）产品	开发团队从一个市场机会出发，选择合适的技术满足顾客需求	流程通常包括清晰的规划、概念开发、系统设计、详细设计、测试与改进及试产扩量阶段	运动器材、家具、工具
技术推动型产品	开发团队从一个新技术开始，然后找到一个合适的市场	规划阶段包含匹配的技术与市场。概念开发假定有一个给定的技术	Gore-Tex雨衣、Tyvek信封

产品类型	描 述	显著的特性	示 例
平台型产品	开发团队假设新产品将围绕已建成的技术子系统进行开发	概念开发假定一个已证实的技术平台存在	消费电子产品、计算机、打印机
流程密集型产品	产品的特性在很大程度上被生产流程所限制	在项目开始时，要么已经确定了一个具体的生产流程，要么必须将产品和生产流程一起开发	快餐食品、早餐麦片、化学品、半导体
定制型产品	新产品与现有产品相比有略微的变化	项目之间的相似性使建立连续的和高度结构化的开发流程成为可能	发动机、开关、电池、容器
高风险产品	技术或市场的不确定性导致失败的风险较高	风险在早期就被识别并在整个流程中被追踪，应尽早开展分析和测试活动	医药品、宇航系统
快速构建型产品	快速的建模和原型化，产生多次"设计—构建—集成—测试"循环	详细设计和测试阶段将多次重复，直到产品完成或时间/预算耗尽	软件、手机
复杂系统型产品	系统必须分解为若干个子系统和大量的部件	子系统和部件被许多团队平行开发，然后进行系统集成和验证	飞机、喷气发动机、汽车

下面对其中几种产品类型进行详细介绍。

2.4.1 技术推动型产品

当开发技术推动型产品时，企业从一个新的专有技术开始，并寻找一个能应用此技术的合适的市场（即所谓的技术推动开发）。Gore-Tex 是一种由 W.L. 戈尔公司生产的改进的聚四氟乙烯（特富龙）片，它就是技术推动开发的典型例子。该公司已经开发了数十种采用 Gore-Tex 的产品，包括用于血管手术的人工静脉、用于高性能电缆的绝缘材料、外衣的布料、牙线，以及风笛袋的衬里等。

许多成功的技术推动型产品都涉及基本材料或基本工艺技术。基本材料和基本工艺技术已被成千上万次地应用，因此，材料和工艺技术中那些新的、不同寻常的特征很有可能与一个合适的应用领域相匹配。

对基本的开发流程稍做修改便可应用于技术推动型产品。技术推动的流程开始于规划阶段，在这个阶段，给定的技术与市场机会相匹配。一旦匹配，即可遵循基本开发流程的其余部分展开活动。开发团队在进行项目使命陈述时，应假设特定的技术将包含在产品概念中。虽然技术推动型开发出现了许多非常成功的产品，但该方法仍有较大的风险。这样开发的产品要想成功，必须做到以下两点。

（1）假设特定的技术在满足顾客需求方面提供了一个明确的竞争优势。

（2）竞争对手不能得到合适的可选择技术或难以利用这些技术。

开发团队可以同时考虑更广泛的产品概念的优点（尽管这些概念不一定与新技术匹配），最大可能地降低项目风险。通过这种方式，开发团队能够验证采用新技术的产品概念优于其他可选择方案。

2.4.2　平台型产品

平台型产品是围绕着一个已经存在的技术平台而开发的。这种平台型产品的例子包括苹果公司的操作系统、吉列剃须刀的刀片设计。开发这些平台投资巨大，因此企业会尽一切努力将其应用于几种不同的产品中。从某种意义上说，平台型产品与技术推动型产品非常相似，因为开发团队在开始产品开发时就假设产品概念将体现一项特别的技术，而主要的区别是平台型产品已经证明了其在市场中能满足顾客需求。考虑到在技术平台开发产品比从头做起更容易，以及多个产品可能共享成本的原因，企业能够在无法确定是否开发某项独特技术的市场上提供一个平台型产品。

2.4.3　流程密集型产品

流程密集型产品的例子包括快餐食品、半导体等。这些产品的生产流程严格限制了产品的特性，即便是在概念阶段，产品的设计也不能与生产流程设计分离。在许多情况下，流程密集型产品的产量非常大，并且是大批的而不是分离的。

在某些情况下，一个新产品和一项新工艺是同步开发的。例如，创建一种新型的早餐谷物食品或快餐食品时会需要产品和工艺的开发活动。在其他情况下，需要预先选择生产该产品的特定的现有方法，并且该产品的设计受这个生产流程的能力限制。例如，在一个特定的造纸厂生产新的纸制品，或者用一个现有的晶片制造设施生产新的半导体器件。

2.4.4　定制型产品

定制型产品的例子包括开关、发动机、电池、容器等。定制型产品是将产品的标准配置进行略微改变，以满足顾客的特殊需求。定制型产品的开发主要包括设计变量的值，如物理尺寸和材料。在线设计工具提供了开发定制型产品的平台。当顾客订购一个新产品时，企业将进行结构化的设计和开发流程的设计，以生产满足顾客需求的产品。这样的企业通常已经创建了一个非常详细的开发流程，该流程涉及一套含有结构化信息流且顺序固定的步骤（类似于一个生产流程）。定制型产品的开发流程在基本流程的基础上补充了更具体、详细的信息处理活动描述。这种开发流程可能包括数百个仔细界定的活动且具备高度的自动化。

2.4.5 高风险产品

产品在开发流程中涉及很多的风险。这些风险包括技术风险（产品是否能正常运转）、市场风险（顾客是否喜欢团队开发的产品）、预算和进度风险（团队能否在预算范围内按时完成）。高风险产品是指那些在技术或市场上具有高度不确定性，存在本质性技术或市场风险的产品。对于高风险的情况，可在产品开发的早期调整基本的产品开发流程，以采取措施消除最大的风险，这通常需要在流程的早期完成一些设计和试验活动。例如，当顾客对一个新产品的接受程度存在很大的不确定性时，应该在开发流程的早期通过使用效果图或样机（用户界面原型机）进行概念测试，以降低市场的不确定性和风险。如果产品的技术性能存在很大的不确定性，则在开发流程的更早阶段建立关键特性的工作模型并进行测试十分有意义。多个解决问题的路径平行展开，以确保其中一个解决方案能成功。在设计评审时，必须定期评估风险水平，要确保随着时间的推移风险被降低而不是被推后。

2.4.6 快速构建型产品

对于一些产品的开发，如软件和许多电子产品，构建和测试模型的过程非常迅速，因此，"设计—构建—集成—测试"循环可以重复许多次。事实上，开发团队可以利用快速迭代实现更有柔性、更加快捷的产品开发流程，这种方法有时也称为螺旋式产品开发流程。在这个流程的概念开发之后，系统设计阶段需要把产品的特性分解为高、中、低优先级，然后对最高优先级的特性执行若干次的设计、构建、集成和测试活动循环。此流程利用快速原型化循环的优点，以每个循环的结果来修改下一个循环的优先级。顾客需要参与一个或多个循环后的测试环节。当项目结束时，通常所有高、中优先级的特性已在改进的产品中实现，而低优先级的特性可能暂且搁置，直到开发下一代产品时才被考虑。

2.4.7　复杂系统型产品

较大规模的产品，如汽车和飞机，是由许多相互作用的子系统和部件组成的复杂系统型产品。在开发复杂的系统时，对基本产品开发流程的修改涉及许多系统级的问题。在概念开发阶段，开发团队需要考虑整个系统的架构，当完成整个系统的概念设计时，可能提出多种不同的架构形式，因此，系统设计阶段变得至关重要。在此阶段，系统分解成子系统，这些子系统进一步分解成许多组件。一些团队负责开发组件，而另一些团队负责将组件集成子系统，并进一步将子系统集成整个系统。

组件的设计是一个高度并行的流程，在这个流程中，许多开发团队在同一时间独立地开展工作。管理组件和子系统之间的交互关系是不同系统工程专家的任务。测试与改进阶段不仅包括系统集成，还包括在各层次上进行的大量的测试与验证工作。

通常，产品开发流程遵循一个结构化的活动流和信息流。这使我们能够通过绘制流程图说明开发流程。基本流程图要描述基本型产品、技术推动型产品、平台型产品、流程密集型产品、定制型产品及高风险产品的开发过程，其中，每个产品开发阶段都需要评审，以确认该阶段已完成，以及是否应该进入下一阶段。快速构建型产品采用螺旋式产品开发流程，在此过程中，详细设计、原型化和测试活动重复多次。复杂系统型产品的开发流程流图应显示许多平行开展的子系统和部件。一旦建立了一个产品开发流程，即可用流程图来向开发团队中的每个成员解释开发流程。

2.5　新产品开发的成功与失败

2.5.1　新产品开发成功与失败的标准

基于一般化的技术去开发新产品，所需时间为半年至一年。企业依照市场环境、消费者趋向的变化，预测产品周期并进行策划。而创意在商品化之前所进行的"创新发明 + 商业化"会随着企业内外环境与状况的变化受制于许多阶段性因素。内部环境指营销、设计、技术、生产等各个部门的相互合作，外部环境则需考虑消费者的市场需求及变化、经济情况等，有时也会因无法预测的变量而影响开发新产品的进程。

有很多方法可以衡量上市的产品成功与否，但几乎所有人皆能够有所共识的就是 ROI（Return On Investment，投资收益率）。这与无法以数字量化的品牌无异，其无形价值提升了企业的利润，而它在以标准化为评量企业基准的时代，虽然大家都同意设计是提高品牌战力的核心力量，但就策划层面而言，仍偏向从销售率及收益率来判断产品的成功与否。

站在设计者的立场，判断产品成功的标准如同先前所提到的，必须考虑到无形层面，以获得"Good Design"的殊荣，以提升品牌形象，也要考虑到有形层面，创造实质的收益，提高投资收益率。

必须抓住设计经营管理策略上的两大重点。这是由于必须考虑到企业的长期展望及短期收益。如果仅有工匠精神，只考虑直观式的设计就进行新产品开发方面的合作，换句话说，如果毫无设计策略就贸然进行设计，那只是将新产品的命运交给老天，终会引发不负责任的结果。新产品开发成功与失败的因素如表 2-5 所示。

表 2-5　新产品开发成功和失败的因素

项目	成功因素	失败因素
消费者	符合消费者要求与需要 考虑消费者的趋向改变 有效运用消费者不满意的项目	不符合消费者要求与需要 消费者的趋向改变 关注消费者不满意的项目
营销	有市场竞争力的产品 预测趋势并做准备 入市 应付新环境	市场竞争白热化 过时的产品 推出不合适宜的产品 环境条件的变化（如原料费用上涨等）
技术	优越的技术 管理智慧财产权 弹性应用新技术 R&D顺利进行 排除不必要的危险因素	一般的技术能力 不重视管理智慧财产权 没考虑新技术的冲击 R&D要求项目的不完整性 分散不必要的危险因素
流程	可接纳的决策 流程缩减 品质管理提升 成本减少、价格竞争力提升 产品设计内容延续 创新	决策困难 流程延迟 品质管理不佳 成本增加、价格竞争力下降 产品设计内容变质 妨碍创新的条件
组织	正面的内部竞争环境 发掘并活用适合的企业优点 发掘潜力 确保财政预算 与其他部门顺利沟通	负面的内容竞争环境 企业的优缺点分析不完全 无心发掘潜力 无规划财政预算 与其他部门沟通不顺利

2.5.2　案例：苹果公司的产品开发流程

苹果公司的产品开发流程，或许是迄今为止最成功的设计流程。随着苹果公司的不断发展，苹果公司拥有许多值得设计师们学习并应用他们的设计环境的经验。

苹果公司是一个众所周知的保密工作做得很好的公司。在乔布斯时代，想了解苹果内部的工作流程几乎是不可能的。其实，这也可以理解，毕竟苹果公司在这个商业市场里就是靠它独到的设计方法（流程）而取得成功的。

亚当·拉辛斯基通过《苹果内幕》一书向我们揭秘了最神秘的苹果公司是如何运作的。

1. 以设计为中心

如何给设计师以自由发挥的空间，并确保生产出的产品符合设计师的想法？答案是苹果公司以设计为中心。

乔纳森·伊夫——这位英国设计师，同时也曾是苹果公司的首席设计官，他的设计团队引领着苹果公司，且不需要向财务、产品制造等部门汇报。他们被给予充分的自由来设定自己的预算，也被允许可以不考虑产品制造的限制。

设计部门的核心是工业设计工作室，只有少部分经过精挑细选的苹果公司的员工才能进入。正是这简单的设置，才促使苹果公司创造出不可思议的作品。

2. 将设计团队与公司隔离

当一个设计团队在设计一个全新的产品时，他们会从苹果公司的其他部分分离出来。公司甚至会设置物理上的隔离，让设计团队在白天不要与其他员工接触。

设计团队也会被从传统的苹果公司架构里移除。他们有自己独特的汇报体系，可直接汇报给项目管理团队。这些做法可以留给设计团队足够的自由以关注设计本身，而不用在乎其他细节。

3. 以文档记录的开发流程

当产品设计团队开始接手工作时，他们会得到"苹果新产品流程"介绍。介绍信息包含设计流程里的每个步骤，并且会讲得十分详细。这样做的目的是，规定设计团队将要经历的所有步骤，如规定谁将负责交付最终产品、谁负责某个步骤、他们将在哪里工作，以及产品预计应该在何时完成。

4. 每周一为复审日

项目管理团队会主持每周一的会议，以及时检查公司中正处于设计阶段的每个产品。这个会议其实并不像传说中的那么令人沮丧。苹果公司成功的秘诀之一，就是他们不会一次开发上百个产品。也就是说，资源被集中在几个预期能结出果实的项目上，而不是分散到许多小型项目上。

如果一个产品不能在一次会议上完成复审，则它会自动成为下一次会议的首个会议议题。在实践中，这种做法意味着，每个开发中的产品将被项目管理团队至少两个星期审查一次。这就保证了最小的决策拖延，并且使公司在决策上可以很"轻"。

5. 工程项目管理者和全球供应管理者

EPM 代表工程项目管理者，GSM 代表全球供应管理者。苹果公司几乎不参与制造，而是依赖外包公司（如富士康）。这免除了苹果公司在制造环节的问题，并保证了生产成本最低。这种模式有着巨大的好处，故其他电子产品公司纷纷效仿。

EPM 的工作很简单：保证产品最终以合适的方式、合适的时间、合适的价格投向市场。他们或许会（对供应商）有很多要求，但他们的原则就是一切以产品为考量。

6. 不断迭代是关键

与任何一个优秀的设计公司一样，在苹果公司，即使产品已开始制造，设计的流程也没有结束。实际上，当产品进入制造环节时，苹果公司仍然在进行迭代设计。产品一边被制造，一边被测试和审核。设计团队会优化产品，然后产品被再制造。这个循环一次需要花4～6周，并且在产品开发的生命周期里可能重复很多次。

这是一个花费很高的模式，但也是苹果公司的产品享有盛誉的一个原因。投入设计方面越多资源，就越有可能制造出在变化的市场上表现令人惊艳的产品。iPod、iPhone 和 iPad 都经历了这样的设计开发流程。

7. 产品的发行

最后一步，是产品的发行。当产品已经被认为足够好时，它就会进入"苹果章程"阶段。它解释了在产品发行之前，所有必须担负的责任和执行的行动。

这个"苹果章程"阶段一定会给人一种高度紧张的体验，因为如果你泄露了任何信息，你立马就会被解雇。这一点在章程里解释得很清楚。

第 3 章
用户需求研究的管理

任何产品最终都为需者所用，基于用户需求进行设计是适应当代经济发展和社会进步的一种人性化的设计理念。

从心理学角度讲，需求是一种个性的状态，它表现出个性对具体生存条件的依赖性。需求是个性能动性的源泉。用户将自我需求反映给大脑，同时表现为某种欲望，并通过支付满足其需求和欲望的产品或服务同等价值的货币来实现。自原始社会末期，随着社会生产力的发展出现了偶然的交换，发展到成熟的市场经济阶段，"需求—满足需求"贯穿始终。用户需求的不断升级激起并促进了经济的发展，同时市场上产品的不断更新换代也同样引发了用户对产品或服务的占有欲，这种占有欲则是形成用户需求的动力和基本条件之一。

产品设计的出发点是满足用户需求，即问题在先，解决问题在后。人类要生存就会遇到各种各样的问题，就会有许多需求，而产品设计就是为满足某种需求而产生的。产品与用户需求之间的关系如图 3-1 所示，由此可明确设计所要探讨的范围及需创造的价值类型。可见，用户需求问题是设计动机的主要成分。

产品设计的出发点是满足用户需求，即问题在先，解决问题在后。人类要生存就会遇到各种各样的问题，就会有许多需求，而产品设计就是为满足某种需要而产生的。

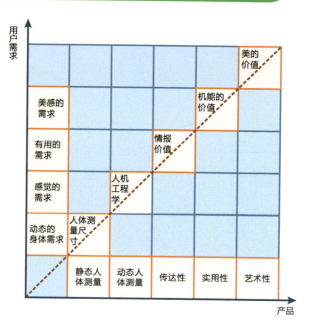

◎ 图 3-1　产品与用户需求之间的关系

从市场营销学角度看，设计与市场的关系实际上是设计与消费的关系。市场也可以解释为消费需求。市场是由一切具有特定需求或欲望，并且愿意通过交换来使需求或欲望得到满足的潜在消费者所组成的。在市场上，对产品计划来说，理解"需求"是绝对重要的，是确定产品商机的根本。当产品从计划变为实体正式上市时，产品将会具有使用者所需的功能及品质，且价格是他们所愿意支付的，同时在他们正需要的时机上市。戴尔总裁凯文·罗林斯曾经在 2006 年的一次会议上说过：产品应建立在消费群体的需求之上，脱离了这一根本原则，就失去了产品本身存在的意义。无论产品大小，市场竞争都很激烈。而对新产品设计做前期市场调研的目的就是对现有市场品牌布局、产品层次、自我品牌、竞争对手等方面做出诊断评价，并探析消费者对现有产品的反应和需求的发展趋势，以此来指导下一阶段的新产品设计。同时，新产品设计要周全、推出周期要尽量短、其他营销宣传策划要同步协调。而在此阶段，推出的新产品还有可能面临被抄袭的风险，因此，设计方案的保密工作也要做好。所有工作的目的就是尽快占领市场，吸引消费者的注意力。

3.1 市场研究的重要性

什么是市场研究？你懂市场研究吗？很多人对市场研究的认知非常表面：使用一张问卷，询问消费者的感受与态度，然后进行一些数学统计与分析。实际上，市场研究具有更丰富的内涵和更多的形式。市场研究已经成为现代营销的基本组成部分，离开市场研究，现代营销就会变成盲人摸象。

很多企业的通病就是在做市场决策时，喜欢"拍脑袋"，喜欢一言堂，而不愿意投入资源去开展市场研究。在营销费用中占最大比重的莫过于广告和促销，费用比重最低甚至可以忽略不计的就是市场研究。没有市场研究，市场决策只能靠"拍脑袋"的力度，拍轻了，没有感觉，拍重了，或许自己都晕了。没有专业的市场研究，企业如何才能持续发展？

市场研究虽然需要企业支出费用，但是会给企业创造价值、带来效益。市场研究还能为企业控制投入风险及回报风险（见表3-1）。在投入风险控制方面，若无市场研究，靠"拍脑袋"，则投入风险很高，而在有大规模的市场研究的情况下，风险基本可控。

表 3-1　市场研究与投入风险及回报风险的关系（单位：万元）

	无市场研究	有小规模市场研究	有中等规模市场研究	有大规模市场研究
正确率	50%	70%	85%	95%
研究花费（万元）	0	2	10	30
投入风险（假设1000万元）	500	300	150	50
回报风险（假设10000万元）	-5000	-3000	-1500	-500

很多企业不懂得运用市场研究，源自他们不重视市场研究。最佳实践研究表明，导致新产品失败的最大原因是市场研究不充分。市场研究不充分占新产品失败原因的 25％。

3.2　市场研究的主要内容

市场研究，也叫市场调查或市场调研，是指有计划地、系统地收集、整理、分析市场营销资料的过程，其目的是为市场营销决策提供科学的依据。

市场研究需要达成 3 个目标，如图 3-2 所示。

1　知己知彼，发现问题及潜在机会

2　研究消费者需求，评估市场细分，寻找市场机会

3　研究竞争策略，确定产品价值定位及成长空间

◎ 图 3-2　市场研究的 3 个目标

市场研究包括用户需求研究、竞争研究、市场分析这几个方面的内容（见图 3-3）。

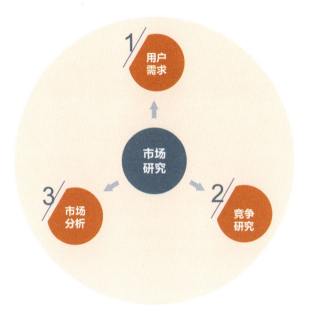

◎ 图 3-3　市场研究的主要内容

3.2.1　用户需求研究

产品的本质就是需求，因而需要对用户需求进行研究，对用户潜在的、未被满足的、未达到预期的需求进行研究。用户需求是产品线规划的源头和新产品设计输入。洞察用户内心真实的需求是企业开展产品线规划管理、制定产品策略、市场策略及采取市场行动的基础和前提。

无论时代如何变迁、科技如何发达，衣食住行都是人类的基本需求，变化的只是需求的形式，而满足需求的产品则处在不断创新变化之中。无论高矮胖瘦、贫富贵贱，人类都有基本层次的需求。美国心理学家马斯洛提出人类需求层次论（见图3-4）。马斯洛认为，人的高级需求是在低级需求被满足后出现的，并激发个体去实现满足。

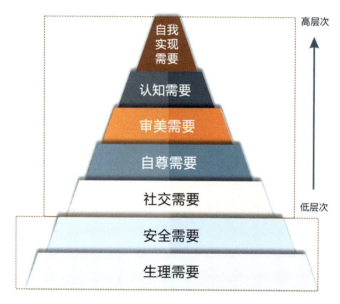

◎ 图3-4　马斯洛的人类需求层次论

用户需求犹如一座冰山，漂浮在海上，而企业就犹如一艘船，行驶在冰山漂浮的海域。如果不了解冰山的情况而做出错误的决策，船就可能成为"泰坦尼克号第二"。企业只有及时发现冰山的真实状况，才能做出正确的决策。

冰山漂浮在海面上，露出的只是冰山一角，大约80%的冰山还在水面之下——这需要你去发现、去洞察。需求就像冰山，这座"需求的冰山"共分3层。

（1）明确的需求。这是用户清晰具体表达出的目标、期望和愿望，是显性的需求，是"需求的冰山"中浮在水面上的那一块，是我们在研究用户需求中最容易看到的那部分。实际上，这只是"冰山一角"，占整座需求冰山的 20% 左右。

（2）隐藏的需求。用户知道目前的问题、困难或对现有产品有所不满，但是并不能非常清晰地表达出来的那部分需求，就是隐藏的需求。

（3）未知的需求。这是指"需求的冰山"的最深处。用户根本没有意识到问题、困难或对现有产品有什么不满，即不知道需求什么，这是深藏的需求。

若用户需求研究仅仅停留在满足用户明确的需求上，基于这种需求规划的产品必然容易导致产品同质化，陷入价格战的泥潭。若用户需求研究能够深入隐藏的需求层次，并将此需求转化为创新产品，则最有可能赢得市场竞争的先机，且在收获市场份额的同时，能极大地提升用户满意度。

未知的需求则深藏在用户内心深处，用户根本没有意识到这种需求。若能够推出满足未知的需求的新产品，则需要去引导、教育及激发用户，让其惊讶地感叹并欣喜地接受这种需求，而这款产品将获得非凡的成功。现在是一个变革的时代，全球电子商务正以年均增长60% 的速度迅猛发展，这将推动人们传统的生活方式、购物方式和过去商业模式的变革。传统的营销模式及商业模式若不变革，必将陷入窘境。这个结论没有悬念，因为这是大势所趋。而在这趋势背后的就是用户需求正在发生着翻天覆地的变化。这增加了我们研究用户需求的难度。

与此同时，快速发展的移动互联网、大数据、云计算技术让我们能够精准地研究用户需求。通过大数据、云计算，我们可以更好地分析用户需求的行为，挖掘出新的消费需求，从而使企业精准、快速地满足这些需求成为现实。

3.2.2　竞争研究

开展竞争研究，首先要确定谁是真正的竞争对手。在市场中，我们有很多竞争对手。有些竞争对手只是同道同行而已，不会给我们带来威胁和市场上的影响，因为我们和竞争对手在两条不相交的轨道上发展。而有些竞争对手，却能够时刻影响我们，甚至给我们带来致命一击。我们一定要确定谁是我们真正的竞争对手。谁是真正的竞争对手，取决于企业的细分市场和目标用户，知己知彼，方能百战不殆。

竞争研究，要通过对主要竞争对手的分析，发现竞争对手的优势及劣势，研究竞争对手的产品、价格及政策，了解竞争对手的渠道、经销体系及终端，洞察竞争品牌及战略，掌握竞争对手的促销及推广活动。我们要通过全方位了解竞争对手，发现竞争对手产品线的软肋及市场竞争的机会。基于透彻的竞争研究，通过选择在合适的渠道终端采取合适的政策及促销推广活动，再加上用适合的产品去攻击竞争对手的软肋，我们就可以获得意想不到的战果。

美国学者唐纳德·莱曼把竞争对手分为 4 个层次，即产品竞争、品类竞争、替代品竞争和预算竞争（见图 3-5）。

（1）产品竞争。产品竞争是最狭义的竞争考察视角，即同一类型产品之间的竞争。同一类型产品的属性基本相同，它们追求相同的细分市场。一般而言，产品层面的竞争对手对于企业日常业务威胁最大。

（2）品类竞争。品类竞争即品类之间的竞争，基于相似特色的产品或服务。例如，矿泉水和纯净水之间的竞争。

（3）替代品竞争。替代品即为满足用户需求的其他形式的产品，产品属性虽有很大的变化，但是满足的需求类似。例如，iPad 和电子书之间的竞争（都拥有电子阅读功能），高铁和民航之间的竞争（都能满足快速到达目的地的需求）。

（4）预算竞争。预算竞争是更为广泛意义下的竞争，指组成市场的任何产品和服务都在争夺相同用户的开支。例如，一个人有3000 元钱，如果他买了手机，他就不得不放弃购买计算机。

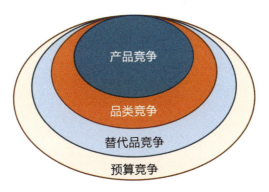

◎ 图 3-5　竞争的 4 个层次

竞争的 4 个层次理论将竞争对手的视野从狭隘的产品竞争逐步扩大到品类竞争、替代品竞争乃至预算竞争的范畴。跳出肉搏的竞争看竞争，能够更好地开阔视野，站在市场的高度去谋略，规避同质化竞争，看到竞争对手带来的威胁和机会。面对不同层次的竞争，需要采取不同的竞争策略（见图 3-6）。

需要注意的是，随着竞争从狭隘的方式向更宽泛的方式转变，目标用户也会发生变化。此外，如果发生重大技术创新，替代品竞

市场分析，需要研究政治环境、经济环境、社会环境、技术环境等构成的宏观环境之"市场"，也需要研究具体的市场状况微观环境之"市场"。

争甚至可以毁灭整个产品品类。因而，必须对竞争研究给予足够的重视。

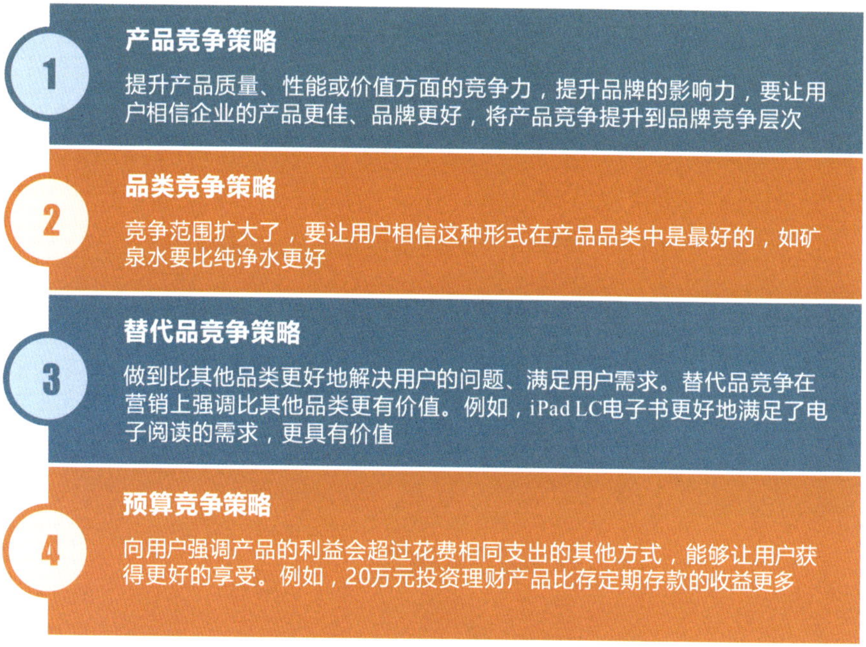

1 产品竞争策略
提升产品质量、性能或价值方面的竞争力，提升品牌的影响力，要让用户相信企业的产品更佳、品牌更好，将产品竞争提升到品牌竞争层次

2 品类竞争策略
竞争范围扩大了，要让用户相信这种形式在产品品类中是最好的，如矿泉水要比纯净水更好

3 替代品竞争策略
做到比其他品类更好地解决用户的问题、满足用户需求。替代品竞争在营销上强调比其他品类更有价值。例如，iPad LC电子书更好地满足了电子阅读的需求，更具有价值

4 预算竞争策略
向用户强调产品的利益会超过花费相同支出的其他方式，能够让用户获得更好的享受。例如，20万元投资理财产品比存定期存款的收益更多

◎ 图 3-6　不同层级的竞争策略

3.2.3　市场分析

市场分析，要研究市场之"势"。知道大势，才能有所为，有所不为。顺势而为，借势而为，逆势而动，都需要在对市场的"势"研究透彻的基础上采取正确的市场竞争策略。

市场分析，需要研究政治环境、经济环境、社会环境、技术环境

等构成的宏观环境之"市场"，也需要研究具体的市场状况微观环境之"市场"。

PEST 分析是指对宏观环境的分析，P 是政治（Politics），E 是经济（Economy），S 是社会（Society），T 是技术（Technology）（见图 3-7）。

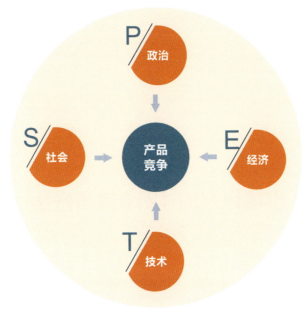

◎ 图 3-7　PEST 分析

（1）政治环境。政治环境的变化关系到企业的生死存亡。政治环境主要指对企业经营活动具有实际与潜在影响的政治力量和有关的法律、法规等因素。

（2）经济环境。经济环境的变化会直接影响消费者的购买力和消费习惯。经济环境是指国家的经济制度、经济结构、产业布局、资源状况、经济发展水平及未来的经济走势等，包括 GDP、汇率水平、通

通过用户观察，设计师能研究目标用户在特定情境下的行为，深入挖掘用户"真实生活"中的各种现象、有关变量及现象与变量间的关系。

货膨胀程度及趋势、居民可支配收入水平、失业率、储蓄及贷款等主要经济指数变量的变化。

（3）社会环境。社会环境包括人口规模、年龄结构、种族结构、收入分布、消费结构和水平、人口流动性等。人口规模影响着一个国家或地区市场的容量，年龄结构决定消费品的种类及推广方式。

（4）技术环境。技术环境不仅包括那些引起革命性变化的发明，还包括与企业生产有关的新技术、新工艺、新材料的出现、发展趋势及应用前景。

3.3　市场研究的 12 个常用方法

没有调查就没有发言权。市场研究又称作市场调查，需要在充分搜集信息资料的基础上围绕着用户需求研究、竞争研究及市场分析等开展研究工作。在市场研究的基础上，知己知彼，方能出色地开展产品管理。

3.3.1　用户观察访谈

通过用户观察，设计师能研究目标用户在特定情境下的行为，深入挖掘用户"真实生活"中的各种现象、有关变量，以及现象与变量间的关系。

1. 何时使用此方法

当设计师对产品使用中的各种现象、有关变量，以及现象与变量间的关系一无所知或所知甚少时，用户观察可以助设计师一臂之力，同时设计师也可以通过它看到用户的"真实生活"。在观察中，设计师会遇到诸多可预见和不可预见的情形。在探索设计问题时，观察可以帮设计师分辨影响交互的不同因素。观察人们的日常生活能帮助设计师理解什么是好的产品和服务体验，而观察人们与产品原型的交互能帮助设计师改进产品设计。

运用此方法，设计师能更好地理解设计问题，并得出可行的概念。由此得出的大量视觉信息也能辅助设计师更专业地与项目利益相关者交流设计决策。

2. 如何使用此方法

如果想在不对用户造成干扰的情形下对用户进行观察，则需要隐蔽，或者也可以采用问答的形式来实现。更细致的研究则需观察者在真实情况中或实验室设定的场景中观察用户对某种情形的反应。视频拍摄是最好的记录手段，当然也可采用其他方式，如拍照片或记笔记。配合使用其他研究方法，积累更多的原始数据，全方位地分析所有数据并转化为设计语言。例如，用户观察和访谈可以结合使用，设计师能从中更好地理解用户思维，并将所有数据整理成图片、笔记等，进行统一的定性分析。

3. 主要流程

设计师为了从用户观察中了解设计的可用性，需要按照一定的流程进行，如图 3-8 所示。

焦点小组就是将一群符合目标用户群条件的人聚集起来，通过谈话和讨论的方式来了解他们的心声或看法。

但此方法也有局限性，当用户知道自己将被观察时，其行为可能有别于通常情况。然而，如果不告知用户而进行观察，就需要考虑道德、伦理等方面的因素。

1　确定研究的内容、对象及地点（即全部情境）

2　明确观察的标准：如时长、费用及主要设计规范

3　筛选并邀请参与人员

4　准备开始观察：事先确认观察者是否允许进行视频或照片拍摄记录；制作观察表格（包含所有观察事项及访谈问题清单）；做一次模拟观察试验

5　实施并执行观察

6　分析数据并转录视频（如记录视频中的对话等）

7　与项目利益相关者交流并讨论观察结果

◎ 图 3-8　用户观察访谈的主要流程

3.3.2　焦点小组

焦点小组，就是将一群符合目标用户群条件的人聚集起来，通过谈话和讨论的方式来了解他们的心声或看法。这种方式的好处在于效率高，并且也很适合用来测试目标用户群对于产品新形状或视觉设计的直接反应。但由于是团体讨论，讨论的方向和结论很容易就会被少数几个勇于表现、擅于雄辩的人所主导，因此所得的结果只适合作为

卡片分类是研究用户如何理解和组织信息，从而规划和设计互联网产品信息架构的方法，通常应用在导航、菜单等的设计上。

参考，并不适合将得出的结论直接拿来作为修正设计的依据。一般来说，透过未经训练的素人焦点小组以共识所选择出来的设计方针通常代表的是一种妥协，所以这并不是有特色、有效的设计方针。

3.3.3 卡片分类

研究用户如何理解和组织信息，从而规划和设计互联网产品信息架构的方法，通常应用在导航、菜单等的设计上。

卡片分类是一种参与性较强的设计技巧，无论是设计数字界面还是设计目录，都可以运用这种方法探究参与者如何分类、如何理解不同概念之间的联系。将上面印有项目的概念、术语或功能的卡片分发给参与者，并让他们按照不同的方法把卡片分类。进行卡片分类最常见的原因之一是要找出容易被误解的术语，因为有些术语不是概念模糊，就是具有多重意义。

卡片分类可以产生不同的导航、菜单和分类标准模式，因此可以帮设计师获得多种信息组织方式。设计师可以运用这种方法设计不同的框架，让用户更容易找到所需的信息。

卡片分类也可以用于评估类别，发现难以归类及并不重要的类别。这种方法可以验证产品或服务类别是否真实地反映了用户的心理，是否用他们最容易理解的文字描述产品，并帮助他们完成自己的目标。

图 3-9 所示的做法有助于顺利完成卡片分类过程。

用户模型是虚构出的一个用户，用来代表一个用户群。一个用户模型可以比任何一个真实的个体都更有代表性。

1	选择的主持人需要熟悉活动内容，选择的参与者是该内容的目标用户，并且关心这方面的信息
2	安排多组人或多个小组（每组3~5人）反复试验
3	限制参与者的人数。经过15次之后，卡片分类得出的结果会开始减弱
4	使用30~100张卡片，每50张卡片用时大约30分钟
5	准备空白的卡片和笔，允许参与者添加需要的内容
6	如果10次卡片分类之后还没有得出一致的模式，可以考虑重新命名卡片或者重新安排类别

◎ 图 3-9　有助于顺利完成卡片分类过程的做法

3.3.4　用户模型

1. 什么是用户模型

用户模型是虚构出的一个用户，用来代表一个用户群。一个用户模型可以比任何一个真实的个体都更有代表性。一个代表典型用户的用户模型资料有性别、年龄、收入、地域、情感、所有浏览过的 URL 及这些 URL 包含的内容和关键词等。一个产品通常会设计 3 ~ 6 个用户模型代表所有的用户群体。

1）用户模型不是用户细分

用户模型看起来比较像用户市场细分。用户细分通常基于人口统计特征（如性别、年龄、职业、收入）和消费心理，分析消费者购买产品的行为。用户模型更加侧重用户如何看待和使用产品、如何与产品互动。这是一个相对连续的过程，人口属性特征并不是影响用户行为的主要因素。用户模型是为了能够更好地解读用户需求，以及不同用户群体之间的差异。

2）用户模型不是平均用户

某个用户模型能代表多大比例的用户？在每个产品决策问题上，"多大比例"的前置条件是不一样的。是"好友数大于 20 个的用户"，还是"从不点击广告的用户"？不一样的问题需要不一样的数据支持。人物角色并不是"平均用户"，也不是"用户平均"，我们关注的是"典型用户"或"用户典型"。创建用户模型并不是为了得到一组能精确代表多少比例用户的定性数据，而是通过关注、研究用户的目标与行为模式，帮助我们识别、聚焦于目标用户群。

3）用户模型不是真实用户

用户模型实际上并不存在。我们不可能精确描述每个用户是怎样的、喜欢什么，因为喜好非常容易受各种因素的影响，对问题不同的描述也会得到不同的答案。如果我们问用户"你喜不喜欢更快的马"，用户当然回答喜欢，虽然给用户一辆车才是更好的解决办法。所以，我们需要重点关注的，其实是一群用户需要什么、想做什么，通过描述他们的目标和行为特点，帮助我们分析需求、设计产品。

用户模型能够被创建出来、被设计团队和客户接受、被投入使用，一个非常重要的前提是我们认同以用户为中心的设计理念。用户模型被创建出来以后能否真正发挥作用，也要看整个业务部门、设计团队或公司是否已经形成了 UCD（以用户为中心的设计）的思路和流程，是否愿意、是否自觉或不自觉地将用户模型引入产品设计的方方面面，否则用户模型始终是一个摆设。

在创建用户模型之前，我们需要明确几个问题：谁会使用这些用户模型？他们的态度如何？他们将会如何使用，做什么类型的决策？他们可以投入的成本有多少？明确这些问题，对用户模型的创建和使用很关键。

2. 为什么要创建用户模型

创建用户模型的目的是尽可能地减少主观臆测、理解用户到底真正需要什么，从而知道如何更好地为不同类型的用户服务。

（1）带来专注：用户模型的第一信条是"不可能建立一个适合所有人的网站"。成功的商业模式通常只针对特定的群体。一个团队再怎么强势，资源终究是有限的，要保证好钢用在刀刃上。

（2）引起共鸣：感同身受是产品设计的秘诀之一。

（3）促成意见统一：帮助团队内部确立适当的期望值和目标，一起去创造一个精确的共享版本。用户模型帮助大家心往一处想，力往一处使，用理解代替无意义的PK。

（4）创造效率：让每个人都优先考虑有关目标用户和功能的问题，确保其从开始就是正确的，因为没有什么比无需求的产品更浪费资源和打击士气了。

（5）带来更好的决策：与传统的市场细分不同，用户模型关注的是用户的目标、行为和观点。

3. 什么时候可以用到用户模型

在各种讨论、头脑风暴、PK时，在我们想冲口而出"用户×××"的时候，用户模型都可以派上用场。用到用户模型的情况如图3-10所示。

◎ 图 3-10　用到用户模型分析法的 9 种情况

4. 如何创建用户模型

创建用户模型的步骤如图 3-11 所示。

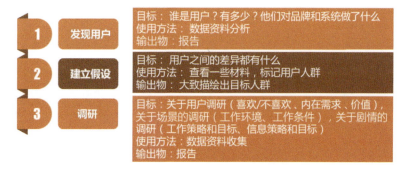

◎ 图 3-11　创建用户模型的步骤

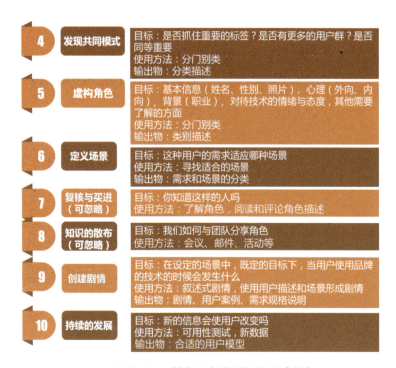

◎ 图 3-11　创建用户模型的步骤（续）

5. 如何使用用户模型

用户模型清晰地揭示了用户目标，帮助我们把握关键需求、关键任务、关键流程，既了解必须做的事，也知道不该做什么。用户模型不是精确的度量标准，它更重要的作用是可作为一种决策、设计、沟通的可视化的交流工具。

丰满而有真实感的用户模型比正确的用户模型更有用。所谓正确的、完全符合实际情况的用户模型是不存在的，我们应该尽可能地丰富、形象化我们的目标用户群，让它在设计决策过程中发挥作用。

需要注意的是，用户模型不是为某个项目、某个特殊需求而创建的，要持续使用和更新，将核心用户的形象融入每个设计师的开发、设计思维中。

文化探析是一种极富启发性的设计工具，它能根据目标用户自行记录的材料来了解用户。研究者向用户提供一个包含各种分析工具的包裹，帮助用户记录在日常生活中对产品和服务的使用体验。

3.3.5　文化探析

文化探析是一种极富启发性的设计工具，它能根据目标用户自行记录的材料来了解用户。研究者向用户提供一个包含各种分析工具的包裹，帮助用户记录在日常生活中对产品和服务的使用体验。

1.　何时使用此方法

文化探析适用于设计项目概念生成阶段之前，因为此时依然有极大的空间以寻找新的设计的可能性。探析工具能帮助设计师潜入难以直接观察的使用环境，并捕捉目标用户真实"可触"的生活场景。这些探析工具犹如太空探测器，能从陌生的空间收集资料。由于所收集到的资料无法预料，因此设计师在此过程中能始终充满好奇心。在使用文化探析法时，必须具备这样的心态：感受用户自身记录文件带来的惊喜与启发。因为设计师是从用户的文化情境中寻找新的见解的，所以该技术称为文化探析法。运用该方法所得的结果有助于设计团队保持开放的思想，从用户记录信息中找到灵感。

2.　如何使用此方法

文化探析研究可以从设计团队内部的创意会议开始，确定对目标用户的研究内容。文化探析包裹中包含多种工具，如日记本、明信片、音像记录设备等好玩且能鼓励用户用视觉方式表达他们的故事和使用经历的道具。研究者通常向不超过 30 名用户提供此工具包。工具包中的说明和提示已经表明了设计师的意图，因此设计师并不需要直接与用户接触。简化的文化探析工具包也常常包含在情境地图方法所使用的感觉研究工具包中。

3．主要流程

（1）组织一次创意会议，讨论并制定研究目标。

（2）设计、制作探析工具。

（3）寻找一个目标用户，测试探析工具并及时调整。

（4）将文化探析工具包发送至选定的目标用户手中，并清楚地解释设计的期望。该工具包将直接由用户独立参与完成，期间设计师与用户并无直接接触，因此，所有的工作和材料必须有启发性且能吸引用户独立完成。

4．方法的局限性

由于设计师与目标用户在此过程中没有直接接触，因此文化探析法将很难得到对目标用户更深层次的了解。观察结果可以作为触发各种新材料的可能依据，而非验证设计结果的标准。例如，探析结果能反映某用户日常梳洗的体验过程，但并不能得出该用户体验的原因，也不能说明其价值与独特性。

文化探析法不适用于寻找某一特定问题的答案。该方法需要整个设计团队保持开放的思想，否则，将难以理解所得资料，有些团队成员也可能对所得结果并不满意。

3.3.6　头脑风暴法

头脑风暴法又称智力激励法、BS 法、自由思考法，是由美国

BBDO 广告公司的奥斯本于 1939 年首次提出、1953 年正式发表的一种激发性思维的方法。此法经各国创造学研究者的实践和发展，至今已经形成了一个发明技法群，如奥斯本智力激励法、默写式智力激励法、卡片式智力激励法等。

在群体决策中，由于群体成员心理相互影响，易屈于权威或大多数人的意见，形成所谓的群体思维。群体思维削弱了群体的批判精神和创造力，损害了决策的质量。为了保证群体决策的创造性，提高决策质量，发展了一系列改善群体决策的方法，头脑风暴法是较为典型的一个。

头脑风暴法可分为直接头脑风暴法（通常简称为头脑风暴法）和质疑头脑风暴法（也称反头脑风暴法）。前者是专家群体决策，尽可能激发创造性，产生尽可能多的设想的方法；后者则是对前者提出的设想、方案逐一质疑，分析其现实可行性的方法。

采用头脑风暴法组织群体决策时，要集中有关专家召开专题会议。主持人以明确的方式向所有与会者阐明问题，说明会议的规则，尽力创造融洽、轻松的会议气氛。主持人一般不发表意见，以免影响会议的自由气氛，要由专家们"自由"提出尽可能多的方案。这是一种集体开发创造性思维的方法。

1. 作用

头脑风暴法的作用如表 3-2 所示。

表 3-2　头脑风暴法的作用

序号	作用
1	极易操作执行，具有很强的实用性
2	非常具体地体现了集思广益和团队合作的智慧
3	每个人的思维都能得到最大限度的开拓，能有效开阔思路，激发灵感
4	在最短的时间内可以批量生产灵感，会有大量意想不到的收获
5	几乎不再有任何难题
6	面对任何难题，举重若轻。对于熟练掌握"头脑风暴法"的人来讲，再也不必一个人冥思苦想，孤独"求索"了
7	因为头脑越来越好用，可以有效锻炼个人及团队的创造力
8	使与会者更加自信，因为与会者会发现自己居然能如此有"创意"
9	可以发现并培养思路开阔、有创造力的人才
10	创造良好的平台，提供了一个能激发灵感、开阔思路的环境
11	良好的沟通氛围，有利于增强团队凝聚力，培养团队精神
12	可以提高工作效率，能够更快、更高效地解决问题
13	使与会者更加有责任心，因为人们一般都乐意对自己的主张承担责任

2. 6 个基本步骤

头脑风暴法力图通过一定的讨论程序与规则来保证创造性讨论的有效性，由此，讨论程序成了头脑风暴法能否有效实施的关键因素。从程序上来说，组织头脑风暴法关键在于以下 6 个环节。

（1）确定议题。一个好的头脑风暴法一般从对问题的准确阐明开始。因此，必须在会前确定一个目标，使与会者明白通过这次会议需要解决什么问题，同时不要限制可能的解决方案的范围。一般而言，比较具体的议题能使与会者较快地产生设想，主持人也较容易掌握；比较抽象和宏观的议题引发设想的时间较长，但设想的创造性也可能较强。

（2）会前准备。为了使头脑风暴畅谈会的效率高一些，效果好一些，可在会前做一点准备工作，如收集一些资料预先给大家参考，以便与会者了解与议题有关的背景材料和外界动态；就与会者而言，在开会之前，对于要解决的问题一定要有所了解；会场可进行适当布置，座位排成圆环形的环境往往比教室式的环境更为有利。此外，在头脑风暴畅谈会正式开始前还可以出一些创造力测验题供大家思考，以便活跃气氛，促进思考。

（3）确定人选。一般以 8~12 人为宜，也可略有增减（5~15 人）。与会者人数太少不利于交流信息，激发思维；而人数太多则不容易掌握，且每个人发言的机会相对减少也会影响会场气氛。只有在特殊情况下，与会者的人数可不受上述限制。

（4）明确分工。要推定一名主持人，1~2 名记录员（秘书）。主持人的作用是在头脑风暴畅谈会开始时重申讨论的议题和纪律，在会议进程中启发引导，掌握进程。例如，通报会议进展情况，归纳某些发言的核心内容，提出自己的设想，活跃会场气氛，让大家安静下来，认真思索片刻再组织下一个发言高潮等。记录员应将与会者的所有设想都及时编号，简要记录，最好写在黑板等醒目处，让与会者能够看清。记录员也应随时提出自己的设想，切忌持旁观态度。

（5）规定纪律。根据头脑风暴法的原则，可规定几条纪律，要求与会者遵守。例如，要集中注意力积极投入，不消极旁观；不私下议论，以免影响他人的思考；发言要针对目标，开门见山，不要客套，也不必做过多的解释；与会者之间相互尊重，平等相待，切忌相互褒贬等。

（6）掌握时间。会议时间由主持人掌握，不宜在会前定死，一般以几十分钟为宜。时间太短与会者难以畅所欲言，太长则容易让人产生疲劳感，影响会议效果。经验表明，创造性较强的设想一般要在会议开始 10~15 分钟后逐渐产生。美国创造学家帕内斯指出，会议时间最好安排在 30~45 分钟。倘若需要更长的时间，就应把议题分解成几个小问题分别进行专题讨论。

3. 9 个原则

一次成功的头脑风暴畅谈会除在程序上的要求外，更为关键的是探讨方式和心态上的转变。概言之，即充分的、非评价性的、无偏见的交流。具体而言，则可归纳为以下 9 点（见表 3-3）。

表 3-3　头脑风暴法的 9 个原则

原则	具体内容
自由原则	与会者可以自由地、任意地提出解决问题的设想，不受任何限制。思维越狂放、构想越新奇越好。有时看似荒唐的设想，却是打开创意大门的钥匙
平等原则	与会者不分职务、资历、性别、年龄、专业，一律平等
不评判原则	与会者相互之间不许质询、赞扬、批评和评论。即使是幼稚的、错误的、荒诞的想法，也不得批评。如果有人不遵守这一条，会受到主持人的警告
数量原则	鼓励人人多谈想法，数量越多越好，而不求质量，数量多了质量自然会高。新设想越多越好，设想越多，可行办法出现的概率就越大
单一原则	每人每次发言仅提一个设想，只说想法不陈述理由和背景
优先原则	可以利用他人的想法，提出更新、更奇、更妙的构想。凡是因前一个人的发言而激起的新想法，优先发言。因此，属优先的发言者应及时发出"优先"的信号
综合改善原则	鼓励与会者多提综合改善已发表的设想的综合、改善类设想
公开原则	与会者的发言必须被小组全体人员都听到，不允许开小会
奖励原则	在会上提出设想多的人或构想被采纳的人都应得到高于其他人的奖励。因此，应记录好每个人的发言。但绝不议论哪些构想不好，更不许提及不好的设想是谁提出的

3.3.7　问卷调查

问卷是一个常用的研究工具，它可以用来收集量化的数据，也可以通过开放式的问卷题目让受访者做质化的深入意见表述。

在网络通信发达的今天，以问卷收集信息比以前方便很多，甚至有许多免费的网络问卷服务可供运用。但方便并不代表可以随便，在问卷设计上仍然必须特别小心，因为设计不良的问卷会引导出错误的研究结论，而导致设计方针与策略的错误。张绍勋教授在其书中针对问卷设计提出了以下几个原则。

（1）问题要让受访者充分理解，问句不可以超出受访者的知识及能力范围。

（2）问题必须切合研究假设的需要。

（3）要能够引发受访者的真实反应。

（4）要避免以下几类问题：太宽泛的问题、语义不清的措辞，以及包含两个以上的概念。例如，汰渍洗衣粉是否洗净力强又不伤您的手？针对这个问题，受访者会搞不清楚要回答"洗净力强"和"不伤您的手"两者中的哪一项。

（5）避免涉及社会禁忌、道德问题、政治议题或种族问题。

（6）问题本身要避免引导或暗示。

（7）忠实、客观地记录答案。

（8）答案要便于建档、处理及分析。

现在有好多专业的在线调研网站或平台，采访者可以选择多样化的调研方式。

在线问卷调查法的优点主要体现在如图 3-12 所示的 7 个方面。

快速，经济 ①

② 包括全球范围细分市场中不同的、特征各异的网络用户

受访者自己输入数据有助于减少研究人员录入数据时可能出现的差错 ③

④ 对敏感问题能诚实回复

任何人都能回答，受访者可以决定是否参与，可以设置密码保护 ⑤

⑥ 易于制作电子数据表格

采访者的主观偏见较少 ⑦

◎ 图 3-12　在线问卷调查法的优点

在线问卷调查法的缺点如图 3-13 所示。

样本选择问题或普及性问题 ①
测量有效性问题 ②
自我选择偏差问题 ③
难以核实回复人的真实身份 ④
重复提交问题 ⑤
回复率降低问题 ⑥
把采访者的恳请习惯性地视为垃圾邮件 ⑦

◎ 图 3-13　在线问卷调查法的缺点

与传统问卷调查相比，在线问卷调查既快捷又经济，这也许是在线问卷调查法最大的优势。

3.3.8　SWOT 分析法

SWOT 是 Strengths（强势）、Weaknesses（弱势）、Opportunities（机会）和 Threats（威胁）这几个单词的首字母组合。前两者代表企业内部因素，后两者代表企业外部因素。这些因素皆与企业所处的商业环境息息相关。外部分析（OT）的目的在于了解企业及其竞争对手在市场中的相对位置，从而帮企业进一步理解企业的内部分析（SW）。运用 SWOT 分析法所得结果为一组信息表格，用于生成产品创新流程中所需的搜寻领域。

SWOT 分析法能帮助设计师系统地分析企业运营业务在市场中的战略位置，并依此制订战略性的营销计划，为企业新产品的研发确定方向。

1．何时使用此方法

SWOT 分析法通常在创新流程的早期运用。所得结果可以用于生成（综合推理）"搜寻领域"。该方法的初衷在于帮助企业在商业环境中找到自身定位，并在此基础上做出决策。

2．如何使用此方法

从 SWOT 的表格结构上不难看出，此方法具有简单、快捷的特点。然而，SWOT 分析的质量取决于设计师对诸多不同因素的深刻理解，因此十分有必要与一个具有多学科交叉背景的团队合作。在进行外部分析时，可以依据诸如趋势分析（与不同时期表格中同类指标的历史数据进行比较，从而确定执行状况、经营状况、现金流量及产品竞争力等方面的变化趋势和变化规律的一种分析方法）之类的分析方法提出相关问题。外部分析所得结果能帮助设计师全面了解当前市场、用户、竞争对手、竞争产品或服务，分析企业在市场中的机会及潜在的威胁。在进行内部分析时，需要了解企业在当前商业背景下的优势与劣势，以及相对竞争对手而言存在的优势与不足。内部分析的结果可以全面反映出企业的优点与弱点，并且能找到符合企业核心竞争力的创新类型，从而提高企业在市场中取得成功的概率。

3. 主要流程

（1）确定商业竞争环境的范围。问一问自己：我们的企业属于什么行业？

（2）进行外部分析。可以通过回答如下问题进行分析：当前市场环境中最重要的趋势是什么？人们的需求是什么？人们对当前产品有什么不满？什么是当下最流行的社会文化和经济趋势？竞争对手们都在做什么，计划做什么？结合供应商、经销商及学术机构分析整个产业链的发展有什么趋势。可以运用趋势分析等分析方法来做一个全面的分析。

（3）列出企业的优势和劣势清单，并对照竞争对手逐条评估。将精力主要集中在企业自身的竞争优势及核心竞争力上，不要太过于关注自身劣势，因为要寻找的是市场机会而不是市场阻力。当设计目标确定后，企业的劣势有可能形成制约该项目的瓶颈，此时则需要投入大量精力来解决这方面的问题。

（4）将 SWOT 分析所得结果条理清晰地总结在 SWOT 表格中，并与团队成员及其他利益相关者交流分析成果。

3.3.9　语义差异法

语义差异法有助于揭示人们的经历、文化和根深蒂固的信念所引起的"感觉到"的意义。

语义差异量表是一种语言工具，旨在研究人们对话题、事件、对象或活动的态度，并以此确定深层次的内涵。虽然现在大都运用这种方法进行市场调查、评估产品和服务，但这种方法最初的目的是通过揭示语义空间的外部界限研究社会态度。

这种方法深受欢迎的原因可能是其格式十分简单：要求受测者指出哪种范围的描述最恰当。例如，关于"艺术"这个概念：

负面的　　 — — — — —×— 　正面的

愉快的　　 — — — — —×— 　不愉快的

没有价值的　 — — — — —×— 　有价值的

只有设计有效的语义差异法才能达到理想的效果。在执行语义差异法之前必须考虑以下几种因素。

1．概念

概念是语义差异的刺激因素。它可以是一个话题、一个事件、一个对象或一次活动。研究者应该根据研究目标精心挑选对受测者有意义的概念。

2. 对应词组

在通常情况下，应选择成对的反义词作为语义差异量表的两个极点。它们可以是互补的反义词（如愉快的与不愉快的），也可以是更细致的、可分级的反义词（如友好的反义词不一定是不友好的，而害羞的或谨慎的也许意思更明确）。应随机选择两个极点，但不要让正面的和负面的意思都放在同一侧。

3. 调查量表

调查量表通常划分为六七个等级，多数情况是七个等级，因为这样会有一个中立点。中立的答案可能表明冷漠、犹豫不决或与社会交往不相关。所有的这一切对研究者来说都是有意义的判断。评级离中立点越远，就说明受测者的判断态度越强烈。

4. 分类范围

所有的两个极点的常用词组属于一种分类范围。奥斯古德等人建议把概念分为三个范围：评估（如有价值的与无价值的）、效能（如强与弱、重与轻）和活动（如主动的与被动的、激动的与平静的）。

在同一个范围内评估多种概念之后，就可以获得概念之间的语义差异。概念在语义空间中的不同之处反映了它们的内涵、意义之间的分歧。

语义差异量表最适合用于探究相同的刺激引发的跨文化态度和看法。克里斯托弗·巴特内克在他的研究《谁更喜欢机器人：日本人还是美国人》中运用了八组对应词组，研究一个人的文化背景对其评价机器人拟人化和喜爱度的影响程度，如图 3-14 所示。

1=可怕	7=和蔼	□□□□□□□
1=像机器人	7=像人	□□□□□□□
1=人造	7=逼真	□□□□□□□
1=讨厌	7=喜欢	□□□□□□□
1=假的	7=自然	□□□□□□□
1=不友好	7=友好	□□□□□□□
1=无意识	7=有意识	□□□□□□□
1=无情	7=善良	□□□□□□□

1=可怕	7=和蔼	□□□□□□□
1=像机器人	7=像人	□□□□□□□
1=人造	7=逼真	□□□□□□□
1=讨厌	7=喜欢	□□□□□□□
1=假的	7=自然	□□□□□□□
1=不友好	7=友好	□□□□□□□
1=无意识	7=有意识	□□□□□□□
1=无情	7=善良	□□□□□□□

◎ 图 3-14 《谁更喜欢机器人：日本人还是美国人》语义差异量表法的应用

3.3.10　卡诺分析法

在 20 世纪 70 年代至 20 世纪 80 年代，质量管理领域的专家及讲师狩野纪昭博士为卡诺分析法的发展奠定了基础。他对如何通过改善或增加某些类型的产品属性，以及排除其他类型的产品属性来有效地提高用户满意度进行了阐述。

不同的产品属性对用户的重要性各不相同，可以利用卡诺分析法来确定产品的哪些属性最能影响用户满意度。卡诺分析法认为不断增加新功能——"越多越好"的方法是无法提高用户满意度的。在调查和访谈中使用卡诺分析法，设计团队就可以确定基本框架，了解产品的哪些属性对用户来说比较重要，并对这些属性进行优先排序。把每种产品属性（如功能、价格和好处）归类到以下几种类别中，就能体现出与用户满意度相关的用户价值。产品属性类别如图 3-15 所示。

◎ 图 3-15　产品属性类别

1. 必需（基本品质要素）

必需属性指的是产品的基本功能，一旦确定，就必须在产品中体现出来。最基本的隐私性、安全性、保障性和法律要求都是必须具备的属性。这个类别的功能也许无法提高用户满意度，但只要缺少，就肯定卡诺分析会造成负面的影响。

2. 期望（某方面品质要素）

期望属性和用户满意度有着直接的关系：如果包含这些期望属性，用户对产品价值的评价就会提高；如果没有这些期望属性，用户对产品价值的评价就会降低。如果确定了某些期望属性，那么最好在产品中体现出来。

3. 刺激／惊喜（魅力品质要素）

刺激／惊喜属性会给用户带来喜悦和惊喜，能够提高用户满意度。然而，与必需属性或期望属性不同的是，即使没有刺激／惊喜属性，通常也不会让用户感到失望或沮丧。刺激／惊喜属性是用户的潜在需求，大多数用户都不会要求这方面的属性。

4．中性（无关紧要的品质要素）

中性属性是指用户无论如何都不会非常在意的产品功能。因此，有没有这些功能都不会影响用户满意度。

5．负面（负面的品质要素）

负面属性有助于了解在产品设计过程中应该避免的问题。这样的属性会对用户满意度造成负面影响。有时候用户会为了消除这些功能的烦扰宁肯多付些钱（比如免费的应用程序中包含招贴，但付费的应用程序中没有招贴）。如果竞争对手的产品中没有这样的负面属性，那么这个产品肯定会成为用户选择的对象。

进行卡诺分析不仅可以帮助你把产品功能按照属性进行分类，还可以帮助你随时重新评估产品供应。特别是在出现文化、经济或技术转变的时候，要不断利用卡诺分析法，因为这些转变很容易影响用户的态度。

进行卡诺分析可以帮助用户做出明智的决策，确定改善或添加功能的优先顺序。

在评估产品的属性或特征时，要先写下两个问题（一组问题）：第一，如果具备这种产品属性，用户会觉得怎么样；第二，如果没有这种产品属性，用户会觉得怎么样。例如：

问题 1：如果酒店的 Wi-Fi 是免费的，你觉得怎么样？

问题 2：如果酒店的 Wi-Fi 不是免费的，你觉得怎么样？

对于每个问题，用户要从这几种反应中选择一种："满意""没有区别"或"不满意"。

A/B 测试是一种最优化技术，可以让你更清楚地看出同一设计不同版本之间的差异，从而找到与业务目标更相符的对象。

一旦收集了每个问题的用户反应，就要按照下图对每组问题进行交叉对比，确定每种功能对应的产品属性类别，对每组问题都重复这个过程。

每种产品属性都要归入图 3-16 所示的卡诺类别。根据属性所在的区域，你就可以确定这种产品属性最终会让用户满意还是失望。

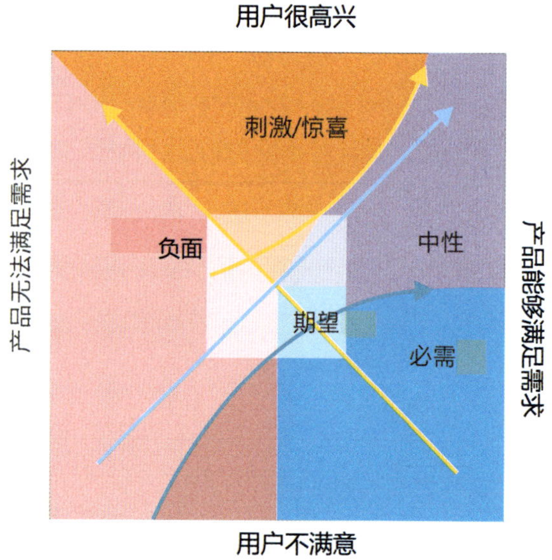

◎ 图 3-16　卡诺类别图

3.3.11　A/B 测试

A/B 测试是一种最优化技术，可以让你更清楚地看出同一设计不同版本之间的差异，从而找到与业务目标更相符的对象（见图 3-17）。随机指派不同的人进行一下测试——A 测试和 B 测试，达到统计学相关样品的尺寸。测试后你可以决定哪一份设计更接近你的目标。

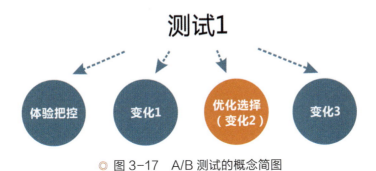

◎ 图 3-17　A/B 测试的概念简图

举个例子，当越来越多的人注册体验免费在线服务时，会出现很多影响人们注册的问题，如注册表格是否过长、他们的隐私数据会怎样处理、在注册之前如何了解价格信息。通过对界面进行细微的修改，你就可以找到这些问题的答案，然后进行 A/B 测试，这样就找到了提高人们的注册率的改进版本。

尽管可以测试出哪一种设计效果更好，但是 A/B 测试不会给出"为什么"。A/B 测试不能评估用户的心愿、态度及需求的简单定性替换，也不能揭示比较重大的问题，如用户是否信任你的网站或网址内容。为此，A/B 测试需要不断补充其他定性方法，这样才能帮助你更深刻地了解用户的动机及真正的需求。

随着那些不需要太多开发协助和技术资源就能运作 A/B 测试的工具的出现，A/B 测试已经变得愈加常见。这个方法本就在市场营销从业者中有着很稳的立脚点，而因为成本相对较低，它也正在越来越广泛地被用户体验设计师们所运用。

许多大型电子商务网站（如 eBay、谷歌、亚马逊等）都以"总在测试中"而著称——它们在任何时候都同时进行着多组 A/B 测试。

案例　A/B 测试：eBay 的实例研究

A/B 测试可以获取不同的假设和产品发展方向。我们不认为过去的测试在今后同样可行，不断进行测试至关重要。eBay 对图像大小进行的一系列测试就是一个很好的例子。

通过多次测试，eBay 的研究者普遍认为如果在明显位置列出的商品数量越多，滚动或分页的次数越少，就越能吸引买家。根据这种假设，在此所列出的 A/B 图像大小测试就应该证明小的图像可以增加每个页面的商品数量，因此更能吸引顾客。

但令研究者吃惊的是，与尺寸较大的图像（见图 3-18）相比，尺寸较小的图像（见图 3-19）并未达到预期效果。通过深入调查和后续试验，研究者了解到事实与他们的假设刚好相反——虽然图像尺寸较大意味着每页列出的商品数量会减少，但这种方式更能吸引买家。在得出试验结果之后，eBay 迅速做出调整，在整个网站上都换成了尺寸较大的图像。

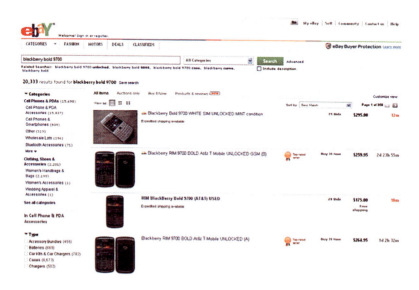

◎ 图 3-18　测试 A：大尺寸的图像测试

人的眼睛与心理活动总是密切联系着的，当用户在使用我们的产品时，通过他们的眼球运动所获得的信息，往往能比可用性测试和访谈获取更多隐藏但有价值的内容。

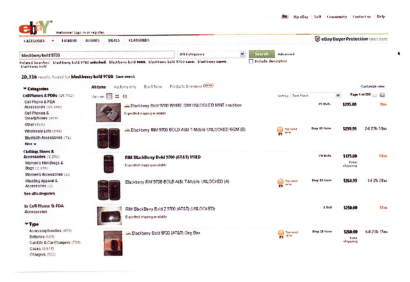

◎ 图 3-19　测试 B：小尺寸的图像测试

3.3.12　眼动测试

由于传统的可用性评估在实际应用中存在诸多局限性，如很多测试方法都建立在测试人员与被访者的交互上，测试人员的言语、行为、表情甚至期望都会对被访者及其活动产生影响。此外，被访者的主观感受往往也不能通过语言、文字、选项等明确地表达。所以，测试结果的客观性不高。

伴随着科技的飞速发展，用户研究不再局限于可用性测试等常用方法，眼动追踪技术应运而生。心理学研究表明，70% 以上的外界信息都是通过人的眼睛来获得的。正如柏格森所说，人的眼睛与心理活动总是密切联系着的，当用户在使用我们的产品时，通过他们的眼球运动所获得的信息，往往能比可用性测试和访谈获取更多隐藏但有价值的内容。毕竟，我们所观察到的和用户所说的，都不是最直接、最全面的信息。因此，眼动追踪技术为用户体验行业提供了一种能更为直接、有效地了解用户行为和态度的方法。

目前，许多品牌的眼动仪及相应的软件配置系统都可以精确地跟踪到被测试者的眼动数据，然后根据注视时间、注视顺序和回视次数等眼动指标来分析问题，最后还能使用直观的图形（如注视密度图）或视频（如回放注视轨迹）等方式来展示结果，这就是所谓的眼动测试。例如，腾讯、京东等多家大型互联网公司开始应用眼动测试对其网页界面、广告创意等进行优化。眼动测试，就是通过视线追踪技术，监测用户在看特定目标时的眼睛运动和注视方向，记录用户的眼动轨迹、注视次数、注视时间等数据，从而让可用性测试更直接和高效。

热点图是眼动数据的一种非常常见的呈现方式。它能够直观地呈现界面上各个区域受到用户关注的程度，存在于大部分眼动报告中。通俗地说，热点图就是呈现用户在界面上哪些区域看得多、哪些区域看得少。一般最终呈现的热点图都是使用多名用户的数据叠加在一起形成的。热点图用颜色的深浅来表示用户的注视情况。注视情况可以是注视点的个数，即某个区域注视点个数越多，热点图上这个区域的颜色就越深；也可以是注视的时长，也就是用户注视某个区域的时间越久，热点图上该区域的颜色就越深。

1. 眼动测试的设计要点

眼动测试在心理学研究中属于生理实验，有过相关经验的人一定能体会到生理实验中任何影响被测试者（用户）情绪状态的因素都可能影响实验的结果。因此，无论是科研项目还是企业的项目，我们都需要进行严谨的实验设计以减少各种误差。以最常见的非接触式红外眼动仪为例，设计测试过程涉及如下几点。

1）界定问题

根据项目需求提出实验假设或要验证的问题。例如，在某项目中，我们界定的问题是网页上两个 banner 版本，哪个版本吸引用户的注意力的效果更好？

用眼动指标来定义问题。这一步非常关键，我们可以结合眼动指标对两个 banner 版本的效果进行指标定义。例如，可以将"用户的视线首次进入 banner 区域的时长"作为评估效果好坏的指标，即这个时长越长，说明这个版本的 banner 越不容易被注视到，也就是吸引注意力的效果越差。

2）设计测试任务

对于这个问题，我们设计的任务可以很简单，即让用户分别浏览带有两个不同版本 banner 的静态网页界面，并都限定 20 秒的浏览时间。

3）准备测试材料

一般可以直接用实际界面做材料，比如在上述对比两个 banner 版本效果的项目中，可以截取两个 banner 版本下的网页界面作为实验材料。

4）准备实验环境

为了让眼动仪顺利记录数据，一般要求测试在专用的实验室中进行。

5）用户招募

用户招募涉及两个方面：招募要求和人数。首先，对于用户招募的要求，除了项目的需要（如用户对产品的使用经验），还需要考虑眼动项目的特殊性，由于现在受眼动仪的限制，招募的用户需要尽可能符合以下情况，以确保实验顺利进行：在实际项目中，难免会碰到用户来到实验室后发现眼动仪无法识别用户的眼球位置的情况，所以在招募的时候，可以留有备选用户。实际上，为了避免出现用户到场却无法完成测试的尴尬，项目一般直接招募没有近视和散光的用户。当然，这样的用户招募是有难度的，那么，招募多少用户才合理呢？这和眼动测试的产出形式有关。如果眼动测试是为了产出热点图，考虑到热点图是叠加所有用户数据进行综合分析的，所以至少需要30名用户的大样本才能减少生理实验中个体差异的影响。如果是为了给因眼动仪无法获取数据导致的无效用户，建议至少招募39名用户。如果只是为了研究用户的眼动轨迹，那么只需要6名用户即可。不同研究方法的用户招募人数对比如表3-4所示。

表3-4　不同研究方法的用户招募人数对比

研究方法	用户数
定性用户测试（发生思维）	5名
卡片分类	15名
定量用户测试	20名
眼动测试（热点图）	39名
眼动测试（眼动轨迹）	6名

6）正式测试结束后的访谈

在正式测试结束后，对用户进行访谈是非常必要和关键的。研究者在测试过程中可以实时看到用户眼动的轨迹，若发现用户并没有按预期注视某些区域，就可以在测试结束后的访谈中与用户聊聊，究竟是什么原因导致用户没有留意某个区域，而用户的解释可以为后续数据分析提供更为丰富的信息。对于测后问卷，研究者可根据之前设计好的问题收集必要的信息。

2．眼动测试的应用

与其他用户研究方法相比，眼动测试比较新颖，应用领域非常广泛，可应用于人机交互研究、阅读研究、广告心理学和交通心理学等领域。

眼动仪可以使人们获得前所未有的用户体验，有效提高生活品质。目前眼动仪的应用主要有以下几个方面。

1）网站设计

网站设计者通过眼动仪来记录用户浏览不同网页时的眼动轨迹，一方面分析用户的浏览习惯，另一方面完整而客观地还原用户对页面各部分的视觉注意力、注视轨迹和关注质量。通过对所记录数据的分析，网站设计者能够清楚地了解用户注视网页的先后顺序及对其中某一部分的注视时间、注视次数等，从而为网页布局提供有效的信息，使浏览者能够更便捷地找到自己所需要的内容。网站设计眼动测试如图 3-20 所示。

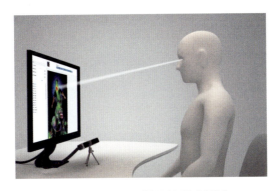

◎ 图 3-20　网站设计眼动测试

2）广告制作

广告制作者最感兴趣的内容之一就是想了解用户是如何观看广告的，而眼动仪刚好满足了这种需要。眼动仪可以将用户注视广告时的眼动轨迹记录下来。通过分析眼动仪记录的数据，广告制作者可以清楚地了解用户注视广告画面的先后顺序等。当用户看广告时，对某一部分的注视时间长、注视次数多，瞳孔直径增加，这说明用户对广告的这部分内容感兴趣，有助于广告制作者了解用户是否按广告制作人的意图去注视广告，是否漏看了广告中诸如厂商、商品名称等重要信息。广告的图像及总体设计是否得当直接关系到其给用户的印象及引起注意的程度。广告制作者可以通过眼动仪提供的资料数据做出分析，从而确定方案的可行性。

3）游戏开发

鼠标、机械键盘、手柄是 PC 玩家最熟悉不过的游戏配件。那么，如果玩家想要进一步提升游戏体验感，还可以借助什么设备呢？眼动仪可能是一个选择。例如，SteelSeries 眼动仪采用了 Tobii 的眼部追踪技术，能够实现每秒 50 次的眼球运动追踪，并生成用户眼部集中力的数据，帮助玩家提升游戏控制表现，甚至实现"眼睛操控"。玩家能够通过眼动仪来转换场景的镜头视角，也就是说，玩家和游戏角色的视角是同步的，非常有趣。另外，如果玩家离开屏幕，游戏会自动暂停，在玩家回来后会通过检测眼球自动开始。眼动仪还可以实现更丰富的操作形式，如扔手雷等。目前已经有 1000 多名游戏开发者使用 SteelSeries 眼动仪来开发游戏，未来的游戏兼容性会更加可观。

3.4　提出满足用户需求的设计方案

当你已经确定了创新的方向，组建了工作团队之后，一定要确保团队掌握执行任务所需的所有信息，同时要了解新产品或服务的战略、规划和发展步骤。

无论是采用积极战略还是应对性战略，都可能取得成功，只要能够将设计放在引导创新的重要位置上。无论选择何种战略，事先做好规划都是缩短上市时间（即产品从开发到推出的时间）的必要步骤之一。

推出新产品的项目是依靠团队来进行规划的，需要企业的所有部门付出努力，尤其是营销部门和设计部门。产品设计和开发过程可能涉及反复的修改，甚至出现中断，有时进展顺利，有时可能倒退。

图 3-21 表明了设计部门与营销部门在工作中可以采用的主要步骤和不同方法，比较了设计部门与营销部门在产品开发过程中的不同作用。新产品开发流程分为 5 个主要阶段：调查—探讨—开发—执行—评估。

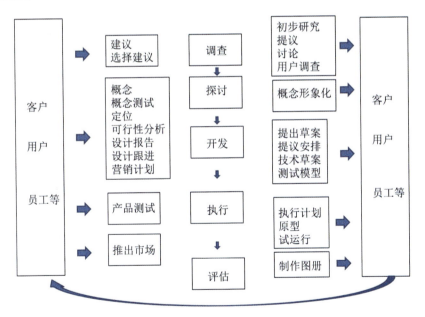

◎ 图 3-21　新产品开发流程

当然，图 3-21 中列举的内容并不是绝对的，要取决于具体情况，但其中的多数内容都具有参考价值。

从理想化的角度看，在调查阶段，营销部门应该引导产生和选择建议的过程，特别是销售网络应该负责提供来自目标市场的直接建议，且选择的建议必须符合新产品或新服务的战略标准。

在本阶段，设计师必须进行初步研究，以便确定可行的产品研发或改进思路。其依据是市场数据或企业的内部信息，以及对竞争对手的产品和不同用户的产品反馈的分析。

设计师按照自己的方法提出建议和理念，组建创新团队，研究各种限制，预测未来趋势等。在这个过程中，将建议和理念形象化的能力尤其重要。

接下来的设计过程的关键是将产品概念化。从根本上讲，概念是传递给用户的信息，是通过产品满足用户需求的承诺，是令用户满意的原因和能够影响产品形象的信息。设计师有责任将口头概念转化为能够通过感官理解的概念。这些感官概念通常是二维或三维的，以实验模型的形式表现出来，使得理解概念和确定需要开发的因素的过程更加容易。

产品开发在很大程度上取决于不同产品的本身，但是要依靠营销部门的定位分析产品的经济可行性，起草定义需求的设计报告等。设计报告是设计的基础，是企业与设计师沟通的基本要素。在设计过程中，项目的重要目标会继续被特别关注，并由管理人员起草待推出的产品的营销计划。

与此同时，除了设计部门提出的成功的草稿，一般还会加上几个替代方案。在选出最适合的概念之后，设计部门就需要起草技术计划，制作实验模型以测试新产品——通常由营销部门和用户一起进行。该阶段可包括一系列的多项测试或由多名评判者参与的一次性测试，以便衡量各方对产品的理解、认识、使用情况及产品本身的易用性。对认识情况和易用性的测试由营销部门负责，而对使用情况和理解情况的测试则由工程师和设计师负责。当然，营销部门的意见也很重要。

如果测试结果是积极的，设计部门就要与生产部门协同工作，这也属于开发阶段的一部分，包括执行各种计划、处理产品样本、进行测试等。

一个整合良好的设计部门应该重视产品形象方面的设计，从产品包装到印刷材料均需要考虑到，如产品说明、沟通手册和卖点介绍等（有必要的话）。这项工作应从沟通生产计划和营销计划的设计开始，直到确定产品资料的最终格式和样本。

在产品推出之前，其生产过程由多部门共同协作，从而确保产品在销售、推销或广告活动开始时就已经占据了分销渠道。但是，这只是开始，推出产品之后还要跟进，以确定产品是否成功。

这里所讲的是一个普遍的过程，每个企业还应该结合自己的实际情况（如产品或服务的类型等）制订计划，且一定要考虑如图 3-22 所示的 10 个步骤。

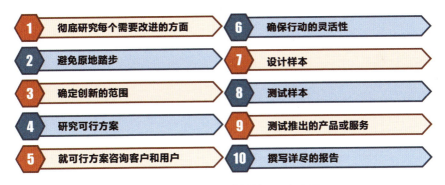

◎ 图 3-22　制订计划的 10 个步骤

诚然，在售后服务过程中对产品进行改进并不容易，但我们应该依据情况决定具体的改进方法。

下面我们具体介绍一下其中几个步骤。

3.4.1　彻底研究每个需要改进的方面

现在的任务是深入分析问题的每个方面。例如，某用户群体不喜欢的地方却可能被另一群体所喜欢，或者某一群体视为小毛病的地方可能被另一群体视为放弃购买产品的主要理由。

如果产品广为人知，不妨了解一下人们在各种社交媒体上对其的看法。 另外，通过使用知觉地图，人们可以就某个具体方面进行分析并做出改进，确保产品更加尊重用户、安全、健康、功能全面、易于理解、对目标用户有吸引力。在这一阶段，通过与关键用户和行业专家进行深入交流来检验你的看法非常有用，可能会为你带来许多灵感。

假如你的企业拥有稳定的口碑，不妨在网站上开辟一个接收建议的版块，客户的创造性可能令你惊讶。

另外，可以研究一下你的周围、竞争对手及其推出的类似产品和服务，看看他们过去是否曾经遇到过类似问题，并了解他们是如何解决这些问题的。

如果可以，不妨与同领域的其他企业或用户联盟合作寻找解决方案，与别人分享会令你的经验更加丰富。

3.4.2　确定创新的范围

当你确定需要改进的方面后，不妨通过借鉴别人的经验来确定如何在本企业推行创新。

你是否拥有所需的知识、经济支持和技术资源？是否能够聘请外部专家，使其与企业的设计经理合作？是否能够获得公共资金的创新支持？

如果你没有根据客观情况进行的自我分析做出正确的决策，就不会得到预期的结果。如果企业决定推出一个项目，即使没有多少资金支持或外部资源，也可以尝试，不过，请确保项目负责人有能力在需要的时候获得外部专家的支持。

3.4.3 研究可行方案

改进可能涉及多个方面，具体的选择取决于企业的需求和产品或服务存在的问题，企业可以使用如图 3-23 所示的处理问题的战略来处理各种问题。

1 确保单个产品适合所有潜在用户
该战略适用于建筑业或特殊网站的设计

2 根据人的不同特点开发一系列产品
传统上，该战略适用于服装鞋帽行业，如制造不同尺码的同款产品，但也适用于汽车、手机、罐头食品制造业或旅馆房间的设计

3 开发能够根据用户特点进行配置的产品
如办公椅和台式电脑

4 确保产品或服务与客户使用的其他产品或服务兼容
如机场或剧院的扩音系统，它的感应回路可以和人们的听觉辅助装置建立通信；再如某些航班发到乘客手机上用于简化登机程序的登机编码等

5 将你的产品或服务与特殊客户的特定需求联系起来
如机场为行动不便的人提供便利，或者维修店向送修汽车的客户提供临时代步车辆

6 将产品或服务个人化
该方法在咨询业（如律师）或手工艺业非常普遍。我们还应照顾到某些特殊人群的需要，如餐馆中提供不含糖的啤酒或不含谷蛋白的面包；博物馆提供轮椅，以防游客疲劳或受伤等

◎ 图 3-23 处理问题的战略

企业可以根据实际情况选择合适的战略，使其成为创新方案的实施基础。

3.4.4　设计和测试样本

1. 设计样本

无论要改进的是产品还是服务，都要用草图等形式咨询用户的意见（也可以用二维或三维的设计图代替草图）。

2. 测试样本

通常，生产出的样本必须功能齐备，以使用户全面地测试各种细节。显然，本阶段的投入规模取决于产品或服务的成本、所需的投放范围，以及产品周期。

例如，制作比例为 1 ：1 的汽车模型，请用户进行测试。这里有一个有趣的事实：房屋类产品的建造成本越高，使用寿命就越长，但用户在测试阶段是发现不了这个特点的。

与服务相比，这一阶段对产品的改进更具启发性，因为调整产品更容易，且能够更好地满足测试要求。

3.4.5　撰写详尽的报告

撰写一份详尽的围绕产品功能、沟通、经济和环保等方面进行论述的创新报告十分关键。首先要确定目标人群具备哪些多样性，再据此决定是否需要排除某些人群。

确保报告的准备过程有各方关键人员的参与，并在员工、经理、客户、供应商、家人或朋友的协助下进行了修改。总之，要让所有你希望争取到的人群都参与进来，参与者的多样性越强，报告就越真实可靠。

此外，还有其他一些方法可以辅助设计方案方向的正确性，提出满足用户需求的设计方案。

1. 测试新产品

新的产品在上市和宣传活动开始之前，通常要经过最终测试。例如，在正式发行软件之前，首先要推出软件的测试版本，然后开发者根据来自多方的试用反馈找出并修正软件的缺陷。

如果更多的企业能够接受发行"试用版本"这一概念，那么广大用户都将因此受益。

2. 倾听用户的心声

不要将研究对象限于用户，也要与你的员工、同事和朋友进行沟通，千万不要停止倾听。

不能只考虑你自己的想法——所有和设计过程有关的人都会或多或少地了解用户需要什么。

3. 确保行动的灵活性

设计的规划阶段并非一个线性的过程。在很多情况下，有必要重复最初的几个阶段，修改某些方法或确定一些假设。如果在突破方案阶段确定了某些行动方案，就应该保持灵活性，在实施方案阶段根据实际情况对方案进行适当的调整。

3.5 成功度的评估

没有经过测量的不能算数，没有经过评估的自然贬值。

在满足用户需求的产品的设计过程中，衡量其是否成功的方法之一是评估最终设计的质量。这里的"设计"包括创新的整个过程及其结果——产品或服务，也包括沟通活动、包装、说明、售后服务等。全面评估设计的质量相当于间接评估企业战略的实施成果。

如何评估设计的质量？我们在研究中根据产品设计的有效性、企业定位及其网络形象和以客户为中心的沟通方式对一家企业进行了设计评估。我们针对各个方面所做的评估都离不开这几个标准：实用性、表达性和可靠性。

3.5.1 实用性

就实用性而言，适用于所有潜在客户的实用性问题如图 3-24 所示。

1　产品是否易于使用
2　产品是否实现了设计目的
3　产品是否满足用户需求
4　产品是否包含创新元素
5　产品是否符合或超越了一般的安全标准

◎ 图 3-24　适用于所有潜在客户的实用性问题

我们可根据如图 3-25 所示的指标衡量产品的实用性。

1　从定位来看，企业的目标是否易于理解
2　通过产品指标是否能够明确把握企业的意图
3　产品指标是否符合企业的使命

◎ 图 3-25　衡量产品实用性的指标

针对网站设计，我们可考虑如图 3-26 所示的实用性问题。

◎ 图 3-26　在进行网站设计时需要考虑的实用性问题

3.5.2　表达性

衡量产品表达性的标准如图 3-27 所示。

◎ 图 3-27　衡量产品表达性的标准

分析设计定位的表达性的标准如图 3-28 所示。

◎ 图 3-28　分析设计定位表达性的标准

评估网站设计表达性的标准如图 3-29 所示。

1 浏览网站是否方便

2 网站的设计是否有吸引力

◎ 图 3-29 评估网站设计表达性的标准

3.5.3 可靠性

对于产品而言，可靠性的衡量标准如图 3-30 所示。

1 产品是否投射出正面的企业形象

2 产品的质量是否稳定

3 产品是否为原创，是否与众不同

4 产品的性价比如何

5 产品是否环保

◎ 图 3-30 产品可靠性的衡量标准

对于企业定位而言，可靠性的衡量标准如图 3-31 所示。

1 企业的定位能否提升其声誉

2 产品能否反映出企业的原创性和与众不同

3 企业的产品和服务能否给人留下优质的印象

◎ 图 3-31 企业定位可靠性的衡量标准

衡量网站设计可靠性的标准如图 3-32 所示。

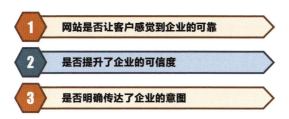

◎ 图 3-32　网站设计可靠性的衡量标准

实践证明，以上标准是设计质量评估的有效工具。就设计评估方面而言，飞利浦公司是很好的例子。

飞利浦相信好的设计就是要创造满足客户需求的产品和解决方案，从而给人们带来力量和快乐。此外，好的设计还要尊重人们生活的环境。飞利浦把设计和人体工学结合起来，渗透进从产品开发、生产到销售的每个细节。

飞利浦认为，设计是创新的动力之一。飞利浦的设计部门知道公司的目标是在深入理解人们的需求和愿望的基础上创造有意义的和实用的解决方案。

飞利浦的设计评估指标如图 3-33 所示。

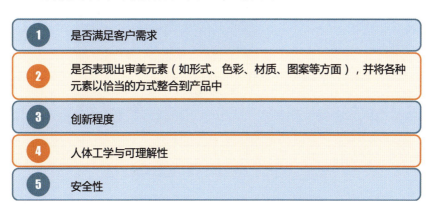

◎ 图 3-33　飞利浦的设计评估指标

6	环境保护程度
7	能源消耗的有效性
8	材料使用和生产过程的有效性
9	公司内部与外部生产过程的适应性
10	与公司其他产品的兼容性和一致性

◎ 图 3-33　飞利浦的设计评估指标（续）

飞利浦的 hue 系列智能灯泡（见图 3-34）加入苹果 HomeKit 早已不是什么新鲜事。

◎ 图 3-34　飞利浦的 hue 系列智能灯泡

飞利浦 hue 系列智能灯泡可以与警报、恒温器及家庭摄像头组成智能家居系统，并将灯光在这些环节里应用。假如你外出时启用了与警报系统互联的飞利浦 hue 系列智能灯泡，当有人破门而入时，警报会响起，灯光会疯狂闪烁，起到警告作用。

当你在手机上打开 hue App 时，系统就能自动检测到房屋中所有的 hue 系列智能灯泡。并且，你能够单独对这些灯泡进行设定。为方便用户，飞利浦已预置了多种不同的颜色、亮度方案，有功能作用比较强的阅读模式、活力模式，也有充当情景作用的日落模式、海滩模式。

不同模式会在发色、亮度、色温上有不同的表现。例如，当有三个 hue 系列智能灯泡采用日落模式的时候，其中一个充当高光，另外两个分别充当深色光与浓色光，这样映在墙壁上就会呈现出贴近真实的黄昏效果了。

除此以外，用户能够通过 App 读取手机中的照片。例如，你选择一张日本鸟居的照片，这时候灯泡则会呈现一抹浓浓的红色（见图 3-35）。

◎ 图 3-35　自动感应和调节亮度、色彩

当然，hue系列智能灯泡也可以智能感应用户设定的场景，根据环境调整环境光线。更不可思议的是如果它被放置在浴室里，还会根据浴室的温度调节灯光到让使用者感到放松的状态（见图3-36）。

◎ 图 3-36　根据环境调整光线让使用者感到放松

第 4 章
产品生命周期的管理

4.1 产品生命周期

产品生命周期理论是美国哈佛大学的教授雷蒙德·弗农 1966 年在其《产品周期中的国际投资与国际贸易》一文中首次提出的。

产品生命周期(Product Life Cycle),简称 PLC,指产品的市场寿命,即一种新产品从开始进入市场到被市场淘汰的整个过程。弗农认为:产品生命是指产品在市场上的营销生命,产品生命和人的生命一样,要经历形成、成长、成熟、衰退。就产品而言,其要经历一个开发、引入、成长、成熟、衰退的阶段。而各阶段在不同的技术水平的国家里发生的时间和过程存在一个较大的差距和时差,而这一时差表现为不同国家在技术上的差距,反映了同一产品在不同国家市场上的竞争地位的差异,并影响到国际贸易和国际投资。为了便于区分,弗农把这些国家分成创新国(一般为较发达国家)、一般发达国家、发展中国家。

产品生命周期 (Product Life Cycle)，
简称 PLC，指产品的市场寿命，即一种新
产品从开始进入市场到被市场淘汰的整个
过程。

4.1.1　产品生命周期的 4 个阶段

典型的产品生命周期一般可以分成 4 个阶段，即介绍期 (或引入期)、成长期、成熟期和衰退期。

1.　介绍期

介绍期指产品经过设计、投产后投入市场进入测试的阶段。新产品投入市场，便进入了介绍期。此时产品品种少，消费者对产品还不了解，除少数追求新奇的消费者外，几乎无人购买该产品。生产者为了扩大销路，不得不投入大量的促销费用，对产品进行宣传推广。该阶段由于生产技术方面的限制，产品生产批量小，制造成本高，广告费用高，产品销售价格偏高，销售量极为有限，企业通常不能获利，反而可能亏损。

2.　成长期

当产品进入介绍期取得销售成功之后，便进入了成长期。在成长期，产品试销效果良好，逐渐被购买者接受，该产品在市场上站住脚并且打开了销路。这是需求增长阶段，需求量和销售额迅速上升。生产成本大幅度下降，利润迅速增长。与此同时，竞争对手看到有利可图，纷纷进入市场参与竞争，使同类产品供给量增加，价格随之下降，企业利润增长速度逐步减慢，最后达到产品生命周期利润的最高点。

3. 成熟期

在成熟期，产品被大批量生产并稳定地进入市场销售，随着购买产品人数的增多，市场需求趋于饱和。此时，产品普及并日趋标准化，成本低而产量大，销售增长速度缓慢直至下降。由于竞争的加剧，导致同类产品生产企业之间不得不在产品质量、花色、规格、包装服务等方面加大投入，这在一定程度上增加了成本。

4. 衰退期

在衰退期，产品进入了淘汰阶段。随着科技的发展及消费习惯的改变等，产品的销售量和利润持续下降，产品在市场上已经老化，不再适应市场需求，市场上已经有其他性能更好、价格更低的新产品。此时，产品成本较高的企业就会因无利可图而陆续停止生产，随着产品完全撤出市场，其生命周期也就结束了。

产品生命周期是一个很重要的概念，它和企业制定产品策略及营销策略有着直接的联系。管理者要想使产品有一个较长的销售周期，以便赚取足够的利润来补偿在推出该产品时所做出的一切努力和经受的一切风险，就必须认真研究和运用产品生命周期理论。产品生命周期也是营销人员用来描述产品和市场运作方法的有力工具。但是，在开发市场营销战略的过程中，产品生命周期却显得有点力不从心，因为市场营销战略既是产品生命周期的原因又是其结果，产品现状可以使人想到最好的市场营销战略。在预测产品性能时，产品生命周期的运用也受到限制。

4.1.2 产品生命周期曲线

产品生命周期曲线的特点：在产品开发期间，销售额为零，投资不断增加；在介绍期，销售缓慢，初期通常利润偏低或为负数；在成长期，销售快速增长，利润也显著增加；在成熟期，利润在达到顶点后逐渐走下坡路；在衰退期，产品销售量显著衰退，利润也大幅度滑落，如图 4-1 所示。

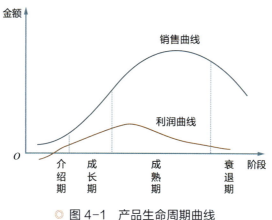

◎ 图 4-1　产品生命周期曲线

在产品生命周期的不同阶段中，销售量、利润、购买者、市场竞争等都有不同的特征，如表 4-1 所示。

表 4-1　产品生命周期不同阶段的特征

	介绍期	成长期	成熟期		衰退期
			前期	后期	
销售量	低	快速增长	继续增长	有降低趋势	下降
利润	偏低或负	高	高峰	逐渐下降	低或负
购买者	爱好新奇者	较多	大众	大众	后随者
市场竞争	甚微	兴起	增加	甚多	减少

产品生命周期曲线适于对一般产品生命周期的描述，不适于对风格型、时尚型、热潮型和扇贝型产品生命周期的描述。

风格型产品生命周期、时尚型产品生命周期、热潮型产品生命周期、扇贝型产品生命周期这几种特殊类型的产品生命周期曲线并非通常的S形。

1. 风格型产品

风格是一种在人们生活中普遍存在，但特点突出的表现方式。风格一旦形成，则有可能延续数代，并根据人们对它的兴趣而呈现出一种循环再循环的模式，时而流行，时而又可能并不流行。

2. 时尚型产品

时尚是在某一领域里，目前为大家所接受且受欢迎的风格。时尚型的产品生命周期特点是，刚上市时很少有人接纳（称之为独特阶段），但接纳人数随着时间慢慢增长（模仿阶段），之后终于被广泛接受（大量流行阶段），最后缓慢衰退（衰退阶段），消费者开始将注意力转向另一种更吸引他们的时尚型产品。

3. 热潮型产品

热潮是一种来势汹汹且很快就吸引大众注意力的时尚，俗称时髦。热潮型产品的生命周期往往快速成长又快速衰退，主要是因为其只能满足人们一时的好奇心或需求，所吸引的只限于少数寻求刺激、标新立异的人，通常无法满足更强烈的需求。

4. 扇贝型产品

扇贝型产品生命周期主要指产品生命周期不断地延伸再延伸，这往往是因为产品创新或不时发现新的用途。

特殊类型的产品生命周期曲线如图4-2所示。

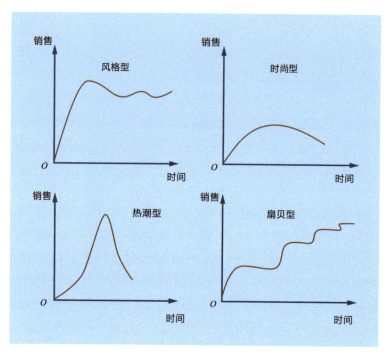

◎ 图 4-2　特殊类型的产品生命周期曲线

4.2　产品生命周期各阶段的营销策略

产品生命周期各阶段的营销策略如表 4-2 所示。

表 4-2　产品生命周期各阶段的营销策略

	介绍期	成长期	成熟期	衰退期
策略重心	扩张市场	渗透市场	保持市场占有率	提高生产率
营销支出	高	高(但百分比下降)	下降	低

	介绍期	成长期	成熟期	衰退期
营销重点	产品知晓	产品知晓	品牌忠诚度	选择性
营销目的	提高产品知名度及产品试用量	追求最大市场占有率	追求最大利润及保持市场占有率	减少支出及增加利润
分销方式	选择性的分销	密集式	更加密集	排除不合适、效率差的渠道
价格	成本加成法策略	渗透性价格策略	竞争性价格策略	削价策略
产品	以基本型为主	改进品，增加产品种类及保证服务	差异化、多样化的产品及品牌	剔除弱势产品项目
广告	争取早期使用者，建立产品知名度	大量营销	建立品牌差异及利益	维持品牌忠诚度
销售追踪	大量促销及产品试用	利用市场需求	鼓励改变，采用企业品牌	将支出降至最低

4.2.1 介绍期的营销策略

在产品介绍期，由于消费者对产品十分陌生，企业必须通过各种促销手段把产品引入市场，力争提高产品的市场知名度。介绍期的生产成本和销售成本相对较高，企业在给新产品定价时不得不考虑这些因素，所以，在介绍期，企业营销的重点主要集中在促销和价格方面。本阶段一般有 4 种可供选择的市场营销策略。

1. 高价快速策略

这种策略的形式是在采用高价格的同时配合大量的宣传推销活动，把新产品推入市场。其目的在于先声夺人，抢先占领市场，并希望在竞争对手还没有大量出现之前就能收回成本，获得利润。适合采用这种策略的市场环境如图 4-3 所示。

1	必须有很大的潜在市场需求量
2	产品的品质特别高，功效比较特殊，很少有其他产品可以替代。消费者一旦了解这种产品，常常愿意出高价购买
3	企业面临着潜在的竞争对手，想快速建立良好的品牌形象

◎ 图 4-3　适合采用高价快速策略的市场环境

2．选择渗透策略

这种策略的形式是在采用高价格的同时只用很少的促销活动。采用高价格的目的在于能够及时收回投资，获取利润；低促销的方法可以减少销售成本。适合采用这种策略的市场环境如图 4-4 所示。

1	产品的市场比较固定、明确
2	大部分潜在的消费者已经熟悉该产品，并愿意出高价购买
3	产品的生产和经营必须有相当的难度和要求，普通企业无法参加竞争，或由于其他原因使潜在的竞争不迫切

◎ 图 4-4　适合采用选择渗透策略的市场环境

3．低价快速策略

这种策略的形式是在采用低价格的同时做出巨大的促销努力。其特点是可以使产品迅速进入市场，能有效地限制竞争对手的出现，从而为企业赢得很高的市场占有率。低价快速策略的适用性很广泛。适合采用这种策略的市场环境如图 4-5 所示。

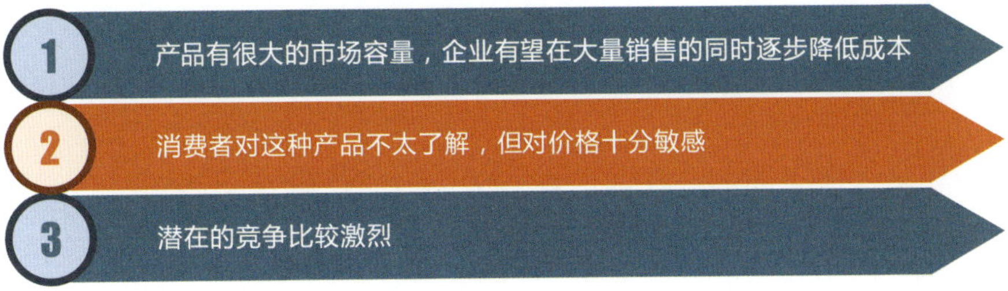

◎ 图4-5　适合采用低价快速策略的市场环境

4.缓慢渗透策略

这种策略的形式是在新产品进入市场时采取低价格，同时不做大的促销努力。低价格有助于新产品被市场快速接受；低促销能使企业减少开支，降低成本，以弥补低价格造成的低利润或亏损。适合采用这种策略的市场环境如图4-6所示。

◎ 图4-6　适合采用缓慢渗透策略的市场环境

4.2.2　成长期的营销策略

在产品进入成长期以后，产品被越来越多的消费者接受并使用，企业的销售额直线上升，利润不断增加。在此情况下，竞争对手也会越来越多，威胁企业的市场地位。因此，在成长期，企业的营销重点应该放在保持并且扩大自己的市场份额，加速销售额的上升方面。另外，企业还必须注意成长速度的变化，一旦发现成长的速度由递增变为递减，就必须适时调整策略。这一阶段可以采用的营销策略如图 4-7 所示。

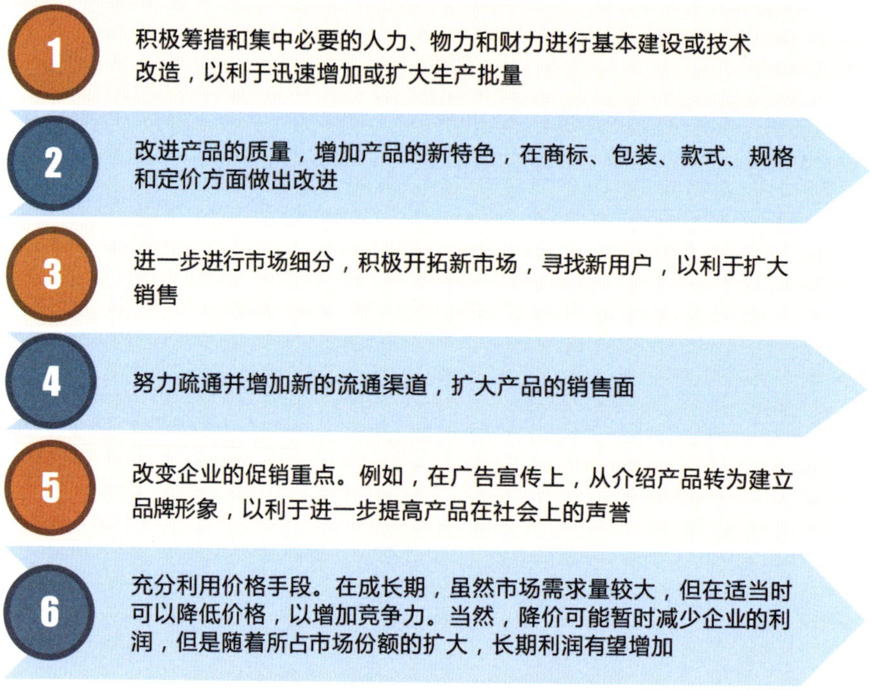

1 积极筹措和集中必要的人力、物力和财力进行基本建设或技术改造，以利于迅速增加或扩大生产批量

2 改进产品的质量，增加产品的新特色，在商标、包装、款式、规格和定价方面做出改进

3 进一步进行市场细分，积极开拓新市场，寻找新用户，以利于扩大销售

4 努力疏通并增加新的流通渠道，扩大产品的销售面

5 改变企业的促销重点。例如，在广告宣传上，从介绍产品转为建立品牌形象，以利于进一步提高产品在社会上的声誉

6 充分利用价格手段。在成长期，虽然市场需求量较大，但在适当时可以降低价格，以增加竞争力。当然，降价可能暂时减少企业的利润，但是随着所占市场份额的扩大，长期利润有望增加

◎ 图 4-7　成长期可以采用的营销策略

4.2.3　成熟期的营销策略

通常这个阶段比前两个阶段持续的时间更长，因此管理层也大多数在处理成熟产品的问题。

在成熟期，企业应该放弃某些弱势产品，以节省费用来开发新产品，但是也要注意原来的产品可能还有发展潜力，因为有的产品就是由于开发了新用途或新功能而重新进入新的生命周期的。因此，企业不应该忽略或仅仅是消极地防卫产品的衰退。一种出于优越感的攻击

往往是最佳的防卫。企业应该系统地考虑市场、产品及营销组合的修正策略。

1. 市场修正策略

市场修正策略即通过努力开发新的市场，以保持和扩大自己产品的市场份额。4 种市场修正策略如图 4-8 所示。

1	努力寻找市场中未被开发的部分，如使非使用者转变为使用者
2	通过宣传推广，促使使用者更频繁地使用或每次使用更多的量，以增加现有顾客的购买量
3	通过市场细分，努力打入新的市场区划，如地理、人口、用途的细分
4	赢得竞争对手的客户

◎ 图 4-8　4 种市场修正策略

2. 产品改良策略

企业可以通过对产品特征的改良来提高销售量。3 种产品改良策略如图 4-9 所示。

1	品质改良，即增加产品的功能性效果，如耐用性、可靠性、速度及口味等
2	特性改良，即增加产品的新特性（如规格、重量、材料质量、添加物、附属品等）
3	式样改良，即提高产品美感

◎ 图 4-9　3 种产品改良策略

3. 营销组合调整策略

营销组合调整策略即企业通过调整营销组合中的一个因素或多个因素来刺激销售。4 种营销组合调整策略如图 4-10 所示。

1　降低售价，以增强竞争力

2　改变广告方式，以引起消费者的兴趣

3　采用多种促销方式，如大型展销、附赠礼品等

4　拓展销售渠道，改进服务方式或货款结算方式等

◎ 图 4-10　4 种营销组合调整策略

4.2.4　衰退期的营销策略

当产品进入衰退期时，企业不能简单地一弃了之，也不能恋恋不舍，一味维持原有的生产和销售规模。企业必须研究产品在市场上的真实地位，然后决定是否要继续经营下去。

1. 维持策略

维持策略即企业在目标市场、价格、销售渠道、促销等方面维持现状。由于在这个阶段很多企业会退出市场，因此，对一些有条件的企业来说，并不一定会减少销售量和利润。使用维持策略的企业可配以延长产品生命周期的策略。企业延长产品生命周期的主要途径如图 4-11 所示。

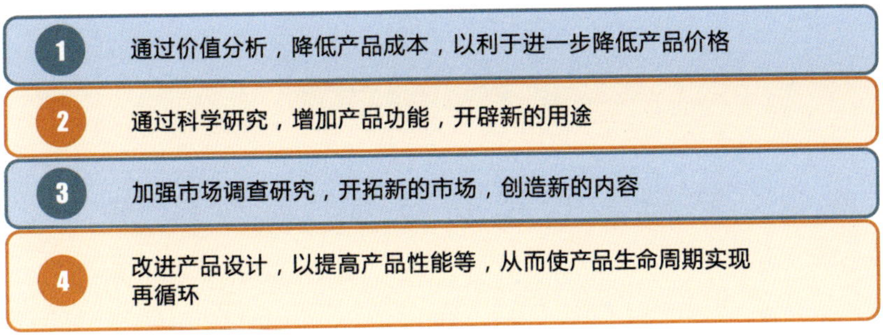

1	通过价值分析，降低产品成本，以利于进一步降低产品价格
2	通过科学研究，增加产品功能，开辟新的用途
3	加强市场调查研究，开拓新的市场，创造新的内容
4	改进产品设计，以提高产品性能等，从而使产品生命周期实现再循环

◎ 图 4-11　企业延长产品生命周期的主要途径

2. 缩减策略

缩减策略即企业仍然按照原来的目标继续经营，只是根据市场变动的情况和行业退出障碍水平在规模上做出适当的收缩。企业可以把所有的营销力量集中到一个或少数几个细分市场上，以加强这一个或几个细分市场的营销力量，也可以大幅度地减少市场营销的费用，以增加当前的利润。

3. 撤退利润策略

撤退利润策略即企业决定放弃经营某种产品，撤出该目标市场。在撤出目标市场时企业应该主动考虑的问题如图 4-12 所示。

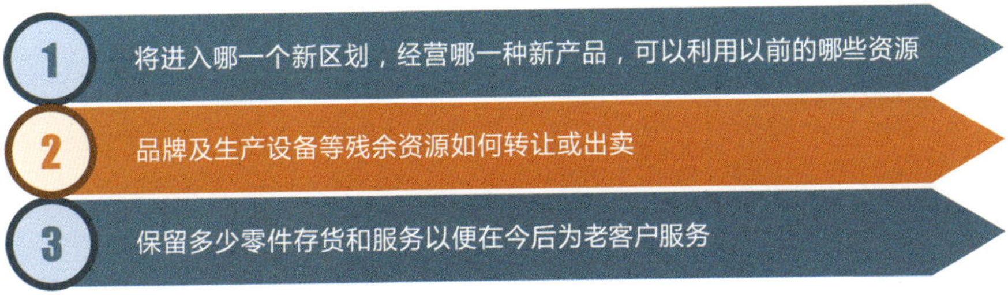

1	将进入哪一个新区划，经营哪一种新产品，可以利用以前的哪些资源
2	品牌及生产设备等残余资源如何转让或出卖
3	保留多少零件存货和服务以便在今后为老客户服务

◎ 图 4-12　在撤出目标市场时企业应考虑的问题

产品生命周期管理结合电子商务技术与协同技术，将产品的开发流程与企业资源计划等系统进行集成，将孤岛式流程管理转变为集成化的一体管理，实现从概念设计、产品设计、产品生产、产品维护到管理信息的全面数据管理。

4.3　产品生命周期管理的相关内容

4.3.1　产品生命周期管理的概念及特点

产品生命周期管理（Product Lifecycle Management，PLM），自 20 世纪末提出以来，便迅速成为制造业关注的焦点。产品生命周期管理即对产品的整个生命周期进行全面管理，通过介绍期的研发成本最小化和成长期至衰退期的企业利润最大化来达到降低成本和增加利润的目标。

产品生命周期管理结合电子商务技术与协同技术，将产品的开发流程与企业资源计划（Enterprise Resource Planning，ERP）等系统进行集成，将孤岛式流程管理转变为集成化的一体管理，实现从概念、产品设计、产品生产、产品维护到管理信息的全面数据管理。产品生命周期管理的内涵如图 4-13 所示。

从战略上说
产品生命周期管理是一个以产品为核心的商业战略。它应用一系列的商业解决方案来协同化地支持产品定义信息的生成、管理、分发和使用，从地域上横跨整个企业和供应链，从时间上覆盖从产品的概念阶段一直到产品结束使命的全生命周期

从数据上说
产品生命周期管理包含完整的产品定义信息，包括所有机械的、电子的产品数据，以及软件和文件内容等信息

◎ 图 4-13　产品生命周期管理的内涵

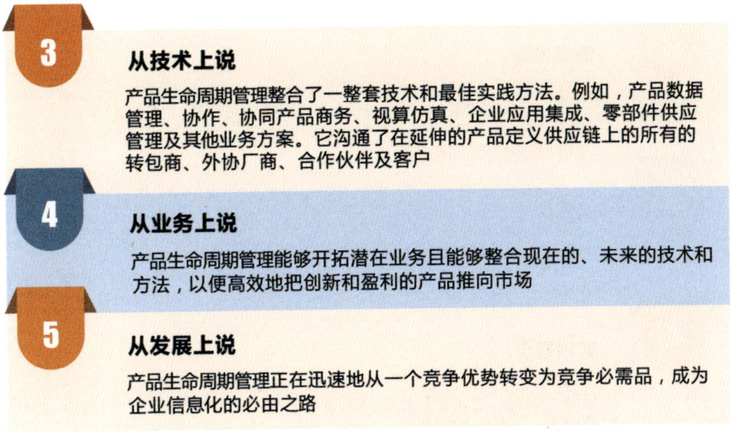

3　从技术上说

产品生命周期管理整合了一整套技术和最佳实践方法。例如，产品数据管理、协作、协同产品商务、视算仿真、企业应用集成、零部件供应管理及其他业务方案。它沟通了在延伸的产品定义供应链上的所有的转包商、外协厂商、合作伙伴及客户

4　从业务上说

产品生命周期管理能够开拓潜在业务且能够整合现在的、未来的技术和方法，以便高效地把创新和盈利的产品推向市场

5　从发展上说

产品生命周期管理正在迅速地从一个竞争优势转变为竞争必需品，成为企业信息化的必由之路

◎ 图 4-13　产品生命周期管理的内涵（续）

4.3.2　典型的产品生命周期管理应用

产品生命周期管理应用是一个或多个产品生命周期管理核心功能的集合体，提供一套可满足产品生命周期具体需求的功能，它代表了产品生命周期管理解决方案的某一视图。随着产品生命周期管理在企业的推广应用，许多不同的产品生命周期管理功能应用被开发出来，如配置管理、工程变更管理、文档管理等，且已成为产品生命周期管理的标准功能。这些应用缩短了产品生命周期管理的实施时间，并将许多成功的实施经验融合在这些应用中。典型的产品生命周期管理应用如图 4-14 所示。

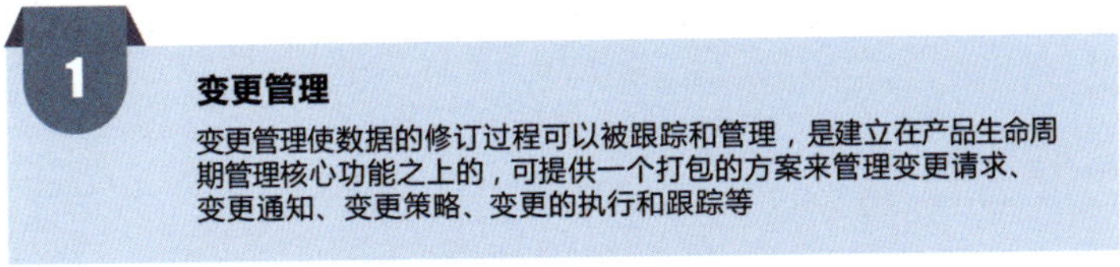

1　变更管理

变更管理使数据的修订过程可以被跟踪和管理，是建立在产品生命周期管理核心功能之上的，可提供一个打包的方案来管理变更请求、变更通知、变更策略、变更的执行和跟踪等

◎ 图 4-14　典型的产品生命周期管理应用

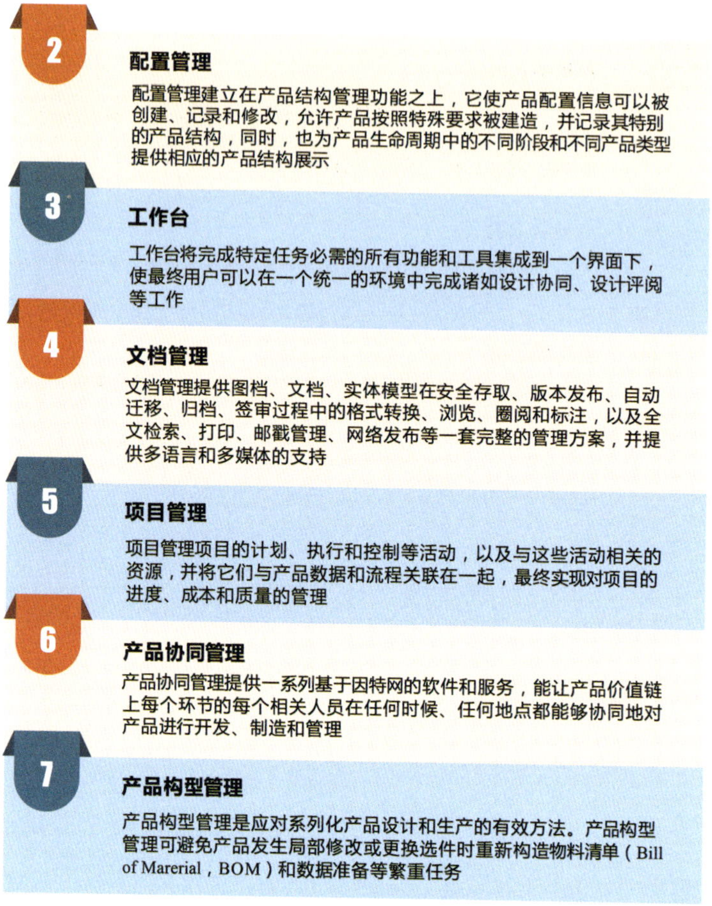

2 配置管理

配置管理建立在产品结构管理功能之上，它使产品配置信息可以被创建、记录和修改，允许产品按照特殊要求被建造，并记录其特别的产品结构，同时，也为产品生命周期中的不同阶段和不同产品类型提供相应的产品结构展示

3 工作台

工作台将完成特定任务必需的所有功能和工具集成到一个界面下，使最终用户可以在一个统一的环境中完成诸如设计协同、设计评阅等工作

4 文档管理

文档管理提供图档、文档、实体模型在安全存取、版本发布、自动迁移、归档、签审过程中的格式转换、浏览、圈阅和标注，以及全文检索、打印、邮戳管理、网络发布等一套完整的管理方案，并提供多语言和多媒体的支持

5 项目管理

项目管理项目的计划、执行和控制等活动，以及与这些活动相关的资源，并将它们与产品数据和流程关联在一起，最终实现对项目的进度、成本和质量的管理

6 产品协同管理

产品协同管理提供一系列基于因特网的软件和服务，能让产品价值链上每个环节的每个相关人员在任何时候、任何地点都能够协同地对产品进行开发、制造和管理

7 产品构型管理

产品构型管理是应对系列化产品设计和生产的有效方法。产品构型管理可避免产品发生局部修改或更换选件时重新构造物料清单（Bill of Marerial，BOM）和数据准备等繁重任务

◎ 图 4-14　典型的产品生命周期管理应用（续）

4.4　产品生命周期管理实施成功的案例

某风电公司（后文称"风电公司"）是国内某重大装备制造集团整合风电相关资源所注册成立的一家新型专业化公司。风电公司主要从事风力发电机组的设计、制造、销售、服务及技术引进、开发与应用、风力发电机组及其零部件与相关技术的进出口等业务。

风电公司成立后，随即启动了风电 ERP 项目，将风电公司的生产业务纳入集团 ERP 系统中，实现了财务业务一体化。2015 年，风电公司又与德国船级社（GL）、中国船级社、TUV、中国电力科学研究院等国际国内行业著名检测认证和研究机构展开战略合作，在产品供应链条上，做出了"售前售后全寿命周期服务一体化管理"的重大决策。为了实现这一目标，风电公司于 2016 年启动了风电 PLM 项目来优化和完善研发管理体系与产品数据管理体系，以缩短研发周期、降低研发成本（物料、人力、资源）、发展战略产品和加快市场响应速度。

风电 PLM 项目按照"整体规划，分步实施"的原则来实施，目前第一期已经完成，实现了构建公司级 PLM 协同工作平台的目的。

1. 项目目标

风电 PLM 项目旨在通过 PLM 系统的实施达到 5 个方面的管理提升效果，如图 4-15 所示。

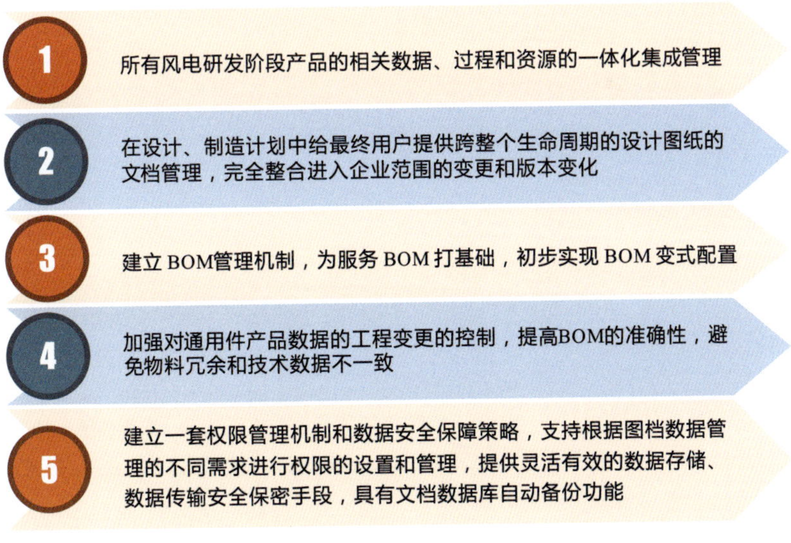

1 所有风电研发阶段产品的相关数据、过程和资源的一体化集成管理

2 在设计、制造计划中给最终用户提供跨整个生命周期的设计图纸的文档管理，完全整合进入企业范围的变更和版本变化

3 建立 BOM 管理机制，为服务 BOM 打基础，初步实现 BOM 变式配置

4 加强对通用件产品数据的工程变更的控制，提高 BOM 的准确性，避免物料冗余和技术数据不一致

5 建立一套权限管理机制和数据安全保障策略，支持根据图档数据管理的不同需求进行权限的设置和管理，提供灵活有效的数据存储、数据传输安全保密手段，具有文档数据库自动备份功能

◎ 图 4-15　风电 PLM 项目的 5 个项目目标

2. 与 ERP 系统无缝集成建设 PLM 系统平台

风电公司使用的是集团统一的 ERP 系统。公司成立后，通过 ERP 系统实现了财务、生产、库存、销售、质量和人力资源等业务的全面覆盖。因此，在风电 PLM 系统平台的选型中，ERP 系统起了主要作用。在经过了半年的学习、交流、分析及其他厂商的帮助之后，最终优中选优，风电公司选中以 SAP PLM 系统为基础搭建 PLM 系统平台。

经过反复论证，风电公司决定在原有的集团 ERP 系统上增加部署 SAP PLM 7.02 解决方案，并单独部署一套独立的文档服务器。为了支撑风电 PLM 项目的实施，风电公司在项目开始前将 ERP 系统版本进行了升级。

3. PLM 系统的主要功能

风电 PLM 项目的一期目标是在已有的 ERP 系统基础上，搭建一个集团级的 PLM 协同工作平台，实现对产品基础数据的管理，包括文档管理（见表 4-3）、BOM 管理（见表 4-4）、工程变更管理（见表 4-5）、CAD 集成功能（见表 4-6）、项目管理（见表 4-7）、工艺管理等，为产品的设计和制造提供平台支撑。

表 4-3　文档管理

序号	功能	说明
1	文档分类管理	对文档进行分类管理，包括文档的类型和相关内容
2	结构化文档管理	文档之间可以建立和管理结构化的文档关系，如依存、参考、隶属等，可以是多层隶属关系、关联关系，便于分类查询

序号	功能	说明
3	文档编码自动生成	创建文档时根据企业编码规则自动生成文档编码，允许对序列化编码规则进行修改和扩充
4	文档查询	支持单一属性查询及多重属性查询，可任意组合查询条件来查询相关资料
5	文档版本管理	所有管理的产品资料，包含产品零部件、文件、图文件，甚至供货商资料等，均具备版本、版次的管理。文档版本于修改时自动设定，可根据企业的运作设定版次与版本，以确保引用资料的一致性，解决文档版本的更新管理问题，避免资料参照错误
		提供文档的版本控制机制
6	文档模板管理	用户在生成新文件时（如产品说明书）以模板复制开启。模板本身亦具备版次管理功能，且可以与所产生的新文件相联结
		各标准文档的名称、编码自动生成且是格式化的，输入格式以填空的方式输入，保证文档格式的统一性
7	文档安全性控制管理	所有文档更改均具有可追溯性
		设定合理的权限，限定相关人员对相关文档的查阅与更改权限
8	简易版文档管理	建立与微软资源管理器直接集成的简易版文档管理桌面，直接从桌面文件创建文档

表 4-4　BOM 管理

序号	功能	说明
1	管理	图形化定义、保存、修改产品结构树，实现产品结构的手工建立、修改、删除等，并可以通过拖拉的方式、集成的设计软件的组件导入方式建立产品结构
		根据设定原则将EBOM转换成MBOM
		支持同一工厂下同一个产品代码有多个可选BOM
		支持多种BOM类型，如设计BOM、生产BOM等
		当零部件完全替换时，不会漏改多机型使用的同一零部件
		产品结构树可以以图形形式直接浏览，并可设定展开的层次，也可将组件作为指定层的展开，并显示出其相关资料及图文件。产品结构可以多阶正展开，也可以多阶逆展开
		显示与产品结构相关联的描述文档
		可比较相同或不同产品所使用的零部件的差异之处，使用者可清楚地了解产品结构修改前后的差异，避免修正错误，并可追踪修正过程
		产品结构唯一性和冗余判断
		零部件位置查询，即可以反向查询零部件的使用位置
2	查询	可产生特定的报表，如图样目录、BOM、标准件汇总表、外购外协件汇总表、关键件汇总表、安全件清单、产品结构差异分析、零件使用报告（产生报表的种类、格式、内容须根据系统分析结果而定）
3	报表	部件统计：可显示某一层次的零部件总数及所有层次的零部件总数
		配置输入/输出：使用Excel文件批量导入、导出BOM；配置导出清单时提供清单分类功能

表 4-5　工程变更管理

序号	功能	说明
1	更改影响范围评估	产品结构变更影响评估：当产品结构变更时，系统可找出指定零部件被用于哪些产品，做出设计变更影响程度分析，不会有任何遗漏；可查询库存，为查询供应商库存打基础
2	变更执行控制	多对象并行审批和分解流程控制：可根据更改指令控制产品数据的创建和换版本。在申请更改时，工程更改流程可以将多个待更改的数据自动分解到不同流程中进行更改检查与审批；更改后，可以将变更对象对应的多个不同种类的新文档自动分解到不同流程中进行审批
3	变更过程记录	在进行工程变更时会产生许多相关资料，如变更原因，变更内容，每个审核者的意见、时间，变更的产品批号，客户意见等。这些都会在流程中完整地记录下来，以便将来追踪。审核者也可随时查阅他人的审核意见，以供参考、查找每一个机型的某段时间的所有变更
4	更改前后差异直观体现	系统直观地自动比较出BOM更改前后的变化
5	更改历史追溯	系统图形化地自动记录产品中每个零件的更改历史，方便设计人员对产品的更改过程进行追溯

表 4-6　CAD 集成功能

序号	功能	说明
1	CAD集成SAP菜单	CAD里集成SAP菜单，可以在CAD界面直接操作SAP PLM数据与业务；在CAD界面从PLM直接检入，检出设计文档、版本升级；在CAD界面直接创建物料文档到PLM系统中；在CAD界面直接创建BOM到PLM系统中，CAD设计模型结构可以保持同步
2	CAD数模信息同步	提供SAP与CAD元数据的双向交换，保证元数据同步及消除数据冗余

序号	功能	说明
3	文件编码与命名	CAD文档在PLM系统中的命名与编码应遵循企业编码规则
4	CAD文件存储	将 CAD 文件保存在专用内容服务器中
5	批量操作	在 CAD 桌面批量创建文档，如物料、BOM、检入检出文档
6	CAD集成类型	Core，Inventor，SolidWorks，AutoCAD

表 4-7　项目管理

序号	功能	说明
1	项目范围管理	在项目报价阶段，基于与客户明确的初始项目范围，项目经理提交项目工作说明书或类似文档，在此范围内制订初始项目主计划 在产品设计和过程定义阶段，项目经理在 PPM 项目管理系统中新建项目，将项目工作说明书、质量目标文档加入项目定义的目标链接中，以实现对项目范围的管控。项目经理在 PPM 项目管理系统中参照项目工作说明书标识的项目范围创建各个阶段，并做高层次的主计划。项目参与者参照项目工作说明书标识的项目范围为所负责的阶段与任务做子计划，并维护对象链接。PPM 项目管理系统会根据维护的项目计划与预设的关键指标对项目进行风险评估。当出现预警时，项目经理及相关任务负责人可对照关联的项目工作说明书查看是否细化后的计划实施范围超过了最初总体项目计划范围，并及时对项目计划进行修正
2	资源管理	资源管理功能可以高效使用人力资源，并按需求、资质和可用性将人员分配到各个项目中。项目经理可以通过资源管理流程为项目角色分配人力资源和任务，进行初始项目成本分析；可分项目、分角色查看项目资源配置和分布；查看项目具体人员配置，需求、需求剩余和人力投入情况；按月、按周分析项目的资源分布和需求信息。项目角色与在项目中承担的责任和任务相关，同一个项目角色可由多个人员共同分担，在PPM的资源共通的理念下，在多个项目间进行人员变动非常灵活，可适应风电公司多变的业务场景。SAP PPM提供标准资源池，可对公司内部及外部的人力资源进行维护

4．PLM 系统与 CAD 集成

在风电 PLM 项目实施过程中，项目组充分考虑到前端设计平台和后端生产平台的集成问题，实现在物料主数据创建、BOM 创建、设计更改（包括前向集成和后向集成）方面的一体化集成。系统集成的重点在于建立连贯的业务流程，并通过系统的功能集成来避免用户的重复劳动，在具体设计上可以视情况采用自动化的程序和接口，或者适当地采用人工交互方式。

表 4-8 展示了本次项目集成的 CAD 系统及版本。

表 4-8　项目集成的 CAD 系统及版本

CAD 系统	集成版本
Catia	R22、R23、R24
Auto CAD	2014、2015
UG	NX8.5、NX9.0、NX10.0
Solidworks	2014、2015
Inventor	Inventor2014、2015、2016
PTC Creo	PTC Creo1.0、2.0、3.0

经过近半年的实施，风电 PLM 项目基本达到了预期目标，对风电公司现有流程进行了梳理和规范，明确控制了节点，并优化了部分流程；同时，以 SAP PLM 中的文档管理、BOM 管理为切入点，以工作流来约束、规范研发工作流程，实现了与 CAD 的高效集成；PLM 的应用深化了项目管理，进一步优化了各个流程，提高了风电公司的整体效率。

第 5 章

产品设计团队的管理

5.1　设计进度计划

5.1.1　制定时间表

在所有人都明确了自己要完成的工作之后，项目计划中下一个要解决的问题就是制定时间表。在设计项目中，有时候只需要明确两个日期，即客户批准开展工作的日期和客户设定的交货日期。有些客户可能还会设定几个关键的日期，但一般来说都是设计师为项目的每个环节制定关键任务并设定相应的完成日期。

设计项目的项目经理意识到，时间表的制定是一个持续变动的过程。很少有设计项目能完全遵照最初制定的时间表来进行。日期变动通常归结为几个原因，其中绝大部分与客户有关（如客户没有提供推进项目的关键资料，没有签署某些文件，或对文件进行了改动）。如果项目经理能够认识到时间表是一个灵活的框架，但同时也明白时间表中所列的工作期限绝对不能耽误，那么他就可以较为明智地运作项目。

要使时间表的制定更为顺畅，设计团队与客户之间就要对双方的责任和关键要求进行明确的沟通。而客户也必须清楚，如果因为他们的原因而使项目错过了任何一个任务完成的期限，那么接下来所有的工作都会受到影响。对于平面设计公司来说，不要错过任何工作期限是一个非常重要的原则。客户可以晚，但是设计师绝不可以晚。如果这种问题确实发生了，最好尽早通知客户，告诉客户因工作中出现了一些问题，可能比原定日期稍晚才能完成。这也是管理客户预期和满意度的工作内容之一。

时间表的制定流程如图5-1所示。在这个过程中，项目经理最好对每个环节需要完成的工作有清楚的认识。如果在为设计团队提供必须资料之前就启动项目，项目经理就犯了一个大错。如果他将在错误基础上制定的时间表提供给了客户，那就更糟糕了。一个正式的时间表和计划制定流程可以改善团队的后勤运作，避免浪费时间，并能确保项目工作按计划进行。

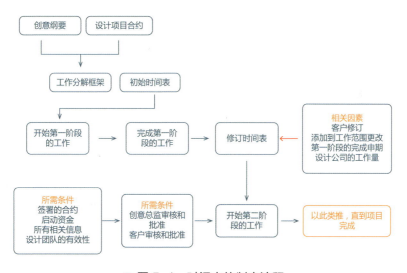

◎ 图5-1　时间表的制定流程

因为设计活动本身充满变数，所以为设计项目制定时间表是一项

甘特图可以在同一个文件中同时展示多个任务和时间线索。一般来说，时间排列在横轴上，以周或天为单位，具体的任务被放置在纵轴上，条状阴影则表示某项任务设定的完成期限。

具有挑战性的工作。在制定时间表的过程中，项目经理需要考虑哪些任务和活动是需要按照一定顺序进行的，又有哪些活动是独立的、不需要经过一定的前期准备就可以完成的。为了形象地将设计项目中各个要素和任务之间的关系展示出来，同时也给它们排出先后顺序，设计师可以选择制作甘特图。

甘特图是项目管理的经典工具，它可以在同一个文件中同时展示多个任务和时间线索。一般来说，时间排列在横轴上，以周或天为单位，具体的任务被放置在纵轴上，条状阴影则表示某项任务设定的完成期限。

甘特图提供的信息如图 5-2 所示。

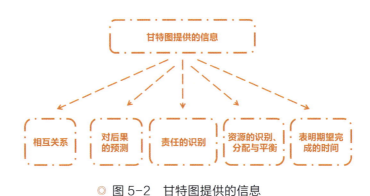

◎ 图 5-2　甘特图提供的信息

甘特图宜列出起始日期并记录进展情况，以便对各项任务进行监控。

并不是每个设计项目都需要制作甘特图。对某些设计团队来说，简单的日期清单和自动电邮提醒就足够了。而对其他一些设计团队来说，特别是使用项目管理或电子制表软件的团队，制作图表就会显得十分简单而实用，因为图表很直观、清晰，而且有效。

标志设计项目第一阶段的工作如图 5-3 所示。项目初始阶段需要完成的主要工作及实践安排在这个图中一目了然。

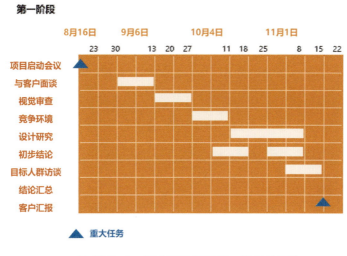

◎ 图 5-3　标志设计项目第一阶段的工作

5.1.2　时间管理

严格来说，时间管理是团队中的所有成员都必须在整个项目过程中全程参与的持续性活动。同时，时间管理也是设计项目在规划阶段必须解决的问题。项目经理在明确工作范围及随后制定详尽的工作分解框架时，已经明白了需要完成哪些工作及这些工作之间的等级关系（如果它们之间相互关联）。同时，项目经理也已经知道了每项任务大概需要多长时间来完成，并将所有的信息汇总到时间表中。这在理论上听起来很可行，但事实是否如此？这就需要时间管理发挥制衡作用了。良好的时间管理有助于制订工作计划，并能确保各项工作按照预先确定的流程顺利开展。

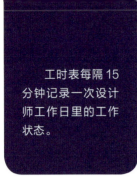

工时表每隔15分钟记录一次设计师工作日里的工作状态。

1. 设计师需要工时表

时间管理的最佳辅助工具就是工时表。它每隔15分钟记录一次设计师工作日里的工作状态。很多设计师对这种方式有抗拒心理，多数是因为认为这种方式很乏味。有些设计师认为，如果项目的酬劳是固定的，而不是按工时领取报酬的，那么工时表就没有太大意义了。这种看法缺乏远见。工时表之所以有价值，是因为它是确保项目盈利和估算未来工作的基本工具。

工时表有助于项目经理追踪团队的工作进展（见图5-4）。通过定期（每天或至少每周一次）审查工时表，项目经理可以及时了解项目是否在按照之前设定的时间安排进展。

1　发现团队成员工作中的漏洞并及时给予纠正

2　对工作没有按计划完成，经常需要向客户递交工作变更通知提出质疑

3　如果可以，缩减项目后期分配的时间，从而弥补项目早期耽误的时间

4　向客户要求额外的时间

◎ 图5-4　审查工时表对项目经理的帮助

2. 让客户参与进来

由于项目中的时间表通常不断变化，所以项目经理需要告知客户目前的时间表在今后的工作中有可能进行调整，以减少不必要的麻烦和误解。

为设计项目制订计划和制定时间表都需要做预测。这需要进行有根据的猜测，并观察这些猜测是否应验。不管是对项目启动阶段还是对整个项目过程来说，时间管理的分析都至关重要。一个出色的项目经理会根据工时表和工作完成情况等事实和数据来推断达到最终目标的方法。通过密切观察设计团队的时间利用情况，项目经理今后在制定时间表时能做出更好的决策。另外，通过再次与客户进行沟通，项目经理还可以为进行中的项目调整时间表。

3. 时间表软件

项目管理软件一般都具有制定时间表的功能。这类软件通常功能强大，但对很多设计项目来说有时需要很多的人力。使用这类软件的最大好处就是它们通常与电子邮件相连，这样就可以为项目设置一个自动警告，提醒项目经理和团队成员项目已经进行了多长时间。有些设计师会简单地将一个网络共享的日历作为项目的时间表工具，还有一些设计师喜欢采用项目状态报告。除此之外，一些设计师会每天开一个短会，回顾前一天的工作，明确当天的任务。不用太在意时间表工具的复杂程度和精细程度如何，要选择一个团队成员最喜欢的工具。

几乎所有的设计公司都会从委派专人管理公司的整体工作流程和工作量中受益。项目经理需要注意不同任务完成期限的设置及客户的要求之间是否存在潜在的冲突。对此，最好的方法之一就是使用时间表软件。

在设计项目中，不同的活动需要按照特定的顺序来完成，而这个顺序就叫优先关系。时间表软件可以帮助项目经理很好地追踪和管理这些关系。这种任务的先后顺序可以通过甘特图清楚地展现出来，所以很多时间管理软件都会采用甘特图。另外，用软件能帮助设计团队制定应急方案。

设计项目的项目经理在时间表中设置的工作期限可能比他实际估量的期限要短，通过这种方式为某项任务或某个环节预留出额外的时间，这就叫制定应急方案。及时制定应急方案，并且投入实施，可以帮助设计团队紧跟时间表的计划。例如，如果某项工作原计划需要在星期四完成，那么要在星期一确认工作是否能完成，从而确保该工作在星期四必定可以完成。允许时间表中的时间有点拖延，意味着项目经理拥有一些缓冲的余地，但同时，项目经理也必须把握好度，以免给项目带来真正的拖延或问题。

设置不准确的工作期限，然后就放手不管，或者任意对时间表做出改动，这些都会给设计团队造成困扰，降低项目经理的威信。

5.2 团队合作

5.2.1 设计团队的构成

一般来说，一个项目都有一个核心的设计团队——由具有创意方面专长和客户方面专长的人才所组成。在很多情况下，大量的设计师会参与进来，有人发挥创意的作用，有人负责完成和制作作品。此外，还有一些具有特殊技术的人员也可能被添加到团队中，如插图画家或印务公司经理。当一家设计公司的规模逐步扩大时，不仅它的设计团队会扩张，而且需要增加行政人员来协助运营公司。这些人为公司提供财务和行政方面的服务，支持创意和客户服务部门的工作，帮助项目及公司运行得更为顺利和通畅。

对任何设计团队来说，为了运行良好，每个成员都要认识到自己的表现会影响到整个团队解决问题、开发创意及满足客户的能力。如果他们可以充分理解自己应该为项目做出哪些贡献，项目就能获得良好的结果。如果团队成员对任务的规定模糊不清，那么到了某个任务时，他们很可能觉得那是别人的事。糟糕的团队通常是由于沟通不畅、合作环境不好而造成的。

在最好的情况下，一家设计公司应该拥有创意、客户服务和运营这几个领域的人才。项目经理一般要处理这几个领域交叉的任务。他们的工作描述和活动如图 5-5 所示。

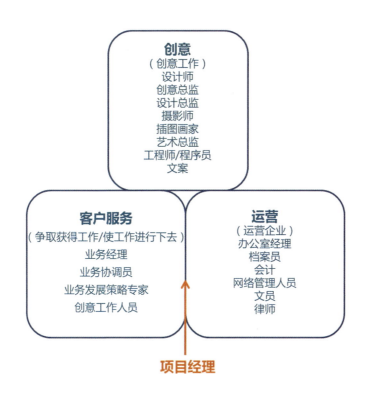

◎ 图 5-5　工作描述和活动

为团队选择正确的创意人员十分具有挑战性。如果仅仅拥有相关的经验和优秀的作品并不意味着这个人一定就是最佳人选。在选择创意人员时，项目经理还需要考虑一些主观因素，如图 5-6 所示。

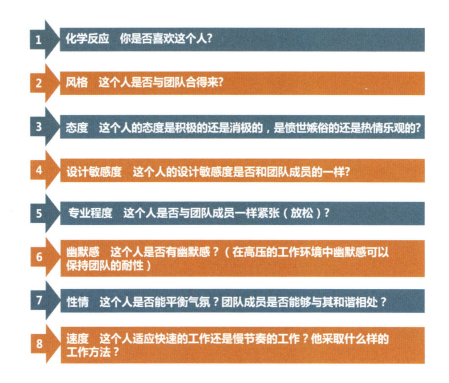

1　化学反应　你是否喜欢这个人？

2　风格　这个人是否与团队合得来？

3　态度　这个人的态度是积极的还是消极的，是愤世嫉俗的还是热情乐观的？

4　设计敏感度　这个人的设计敏感度是否和团队成员的一样？

5　专业程度　这个人是否与团队成员一样紧张（放松）？

6　幽默感　这个人是否有幽默感？（在高压的工作环境中幽默感可以保持团队的耐性）

7　性情　这个人是否能平衡气氛？团队成员是否能够与其和谐相处？

8　速度　这个人适应快速的工作还是慢节奏的工作？他采取什么样的工作方法？

◎ 图 5-6　选择创意人员时需要考虑的主观因素

　　除了上述与个性相关的因素，设计团队还需要良好的技术和能力。从提出大概的创意到制作出具体的成品，设计项目就像一场接力赛——从启动到完成，内容专家、审美专家、技术专家依次接手项目。项目经理通常是唯一一个需要全程参与项目的人员，因为他必须监督项目的进展。设计团队工作流程如图 5-7 所示。

　　每个设计团队都需要有意识地提高团队成员合作的效果，包括可靠性、合作性、知识分享。

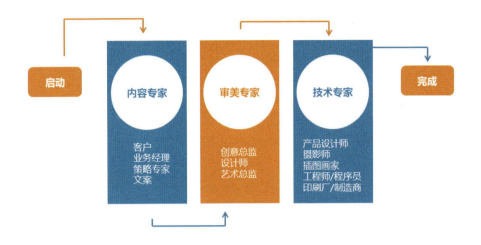

◎ 图 5-7　设计团队工作流程

　　团队成员之间，以及团队成员对于项目本身，都负有责任。项目经理则充当团队成员之间及各个工作环节之间沟通的桥梁。作为中间人，项目经理帮助缩小团队成员之间因不同的性格、专长和工作方式带来的差异。

5.2.2　团队工作的基本要素

　　项目的书面文件、预算、时间表和创意纲要一旦就绪，接下来就要开始设计了。但如果在规划阶段没有组建好团队，即到底应该由哪些人参与这个项目？对于独立的设计师和小型设计公司来说，有时候这个问题是没有意义的，因为他们的选择非常有限。但是大的设计公司拥有多个团队，这些团队拥有不同的专长，如专业的写作团队、网络编程员团队和摄影师团队，他们可以相互协作来完成项目。协作虽然有利于团队成员更好地发挥各自的专长，但同时也会带来经济和沟通方面的麻烦。这些问题都需要妥善解决。但是，这些问题并不是不可逾越的，只是需要更妥善的处理。

所有的设计团队，无论大小，为了实现最佳表现，都应该具备如图 5-8 所示的条件。

◎ 图 5-8　设计团队应该具备的条件

5.2.3　设计团队和设计人员的资质

一个设计团队必须组织起满足项目目标所需的人员和相关资源。完善的设计团队除了有设计技术人员和辅助人员，还需要材料专家、质量控制和质量保证专家、分析专家（善于用有限元、热力系统建模或用其他软件进行设计性能复杂的数学研究）、工业设计师（进行外观设计，需要良好的艺术和人机学分析的背景），甚至包括关键供应商的代表等。

设计是创造性的智力劳动，是根据客户需求，运用国内外科技成果、先进经验，实现创新思维的过程。它体现了价值工程思想和市场观点，是将客户需求通过研发活动变成现实的过程。产品设计体现了设计人员的思想，它取决于多方面人员的知识、经验、创造能力和综合素质。因此，完成一个产品设计需要一个设计团队，并将设计和开发活动委派给具备资质的人员来完成。从事设计活动的人员由于学历、专业、技术水平、工作经验和管理能力的差异，设计出的产品质量也会有所不同，为了确保设计的质量，应对设计人员的资质加以控制。控制的方式主要是对各类设计人员的职责、资质等予以明确规定，并通过培训使设计人员的资质符合要求。

1. 对设计人员的要求

设计人员的必备能力如图5-9所示。

专业知识和相关知识　　创造能力　　熟悉企业的工程能力　　协作能力

◎ 图5-9　设计人员的必备能力

（1）专业知识和相关知识。

涉及产品设计方面的知识技能，包括生产工艺学、材料学、机械结构学（含测量及检验）、信息技术、可靠性工程学、价值工程学、系统工程学、人机工程学、工程美学、心理学，以及管理、法律、营销和外语等方面。只有能够比较全面地了解这些知识的人员，才有可能创造性地运用这些知识，以及在学科边缘上融会贯通，并有所创造。

（2）创造能力。

设计是创造活动，设计人员应具备创造能力，并熟悉创新思维的规律和方法。

（3）熟悉企业的工程能力。

为使设计经济可行，设计人员必须对企业的工程能力做到心里有数。当工程能力不能满足设计要求时，应采取措施对设计质量水平进行部分修正或要求工艺部门（制造部门）改善工程能力。

（4）协作能力。

现代产品不可能由某一单位、部门或个人单独完成，需要许多单位、部门或人员协作完成。为此，设计人员的相互沟通和协作共事能力是非常重要的。

2. 设计人员的职责

（1）设计人员应履行的职责如图 5-10 所示。

1	根据任务要求和计划的安排，认真负责，精心设计，保证设计质量和进度
2	收集有关设计资料，进行必要的调查研究，根据技术经济分析，吸收国内外生产实践和科技进步成果，积极采用先进技术和方法，选好方案进行分析和比较，经评审和批准后进行设计工作，使其符合客户需求及生产、安全、维修、施工、制造和安装等方面的要求
3	认真执行国家标准、行业标准和企业有关技术规范
4	正确运用基础数据、计算方法、计算机程序做好计算
5	按规定进行设计：制图比例合适、视图投影正确、图面清晰；尺寸、数字、符号、公差配合标注正确无误；文字规范，叙述通顺，内容简练
6	待设计完毕经校对、审核后，按校审意见进行修改
7	做好设计图样、计算书、采购规范和产品说明书等文档的整理和存档工作
8	对所承担的任务负责到底，根据设计计划的安排进行设计交底，认真处理在制作（或施工）和试运转中涉及的设计问题

◎ 图 5-10　设计人员应履行的职责

（2）项目负责人（项目经理或项目组长）应履行的职责如图 5-11 所示。

◎ 图 5-11　项目负责人应履行的职责

（3）设计部门负责人应履行的职责如图 5-12 所示。

◎ 图 5-12　设计部门负责人应履行的职责

（4）总工程师应履行的职责如图 5-13 所示。

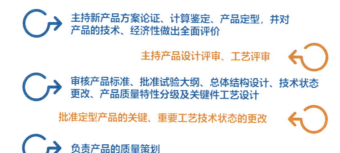

主持新产品方案论证、计算鉴定、产品定型，并对产品的技术、经济性做出全面评价

主持产品设计评审、工艺评审

审核产品标准、批准试验大纲、总体结构设计、技术状态更改、产品质量特性分级及关键件工艺设计

批准定型产品的关键、重要工艺技术状态的更改

负责产品的质量策划

◎ 图 5-13　总工程师应履行的职责

（5）校核人员主要对设计的所有细节进行详细的核对，并发现和消除设计差错，其职责如图 5-14 所示。

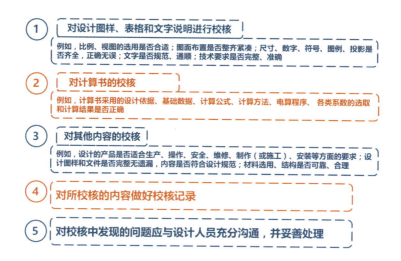

1　对设计图样、表格和文字说明进行校核
例如，比例、视图的选用是否合适；图面布置是否整齐紧凑；尺寸、数字、符号、图例、投影是否齐全，正确无误；文字是否规范、通顺；技术要求是否完整、准确

2　对计算书的校核
例如，计算书采用的设计依据、基础数据、计算公式、计算方法、电算程序、各类系数的选取和计算结果是否正确

3　对其他内容的校核
例如，设计的产品是否适合生产、操作、安全、维修、制作（或施工）、安装等方面的要求；设计图样和文件是否完整无遗漏，内容是否符合设计规范；材料选用、结构是否可靠、合理

4　对所校核的内容做好校核记录

5　对校核中发现的问题应与设计人员充分沟通，并妥善处理

◎ 图 5-14　校核人员应履行的职责

（6）审核人员主要是对重大问题进行把关，其职责如图 5-15 所示。

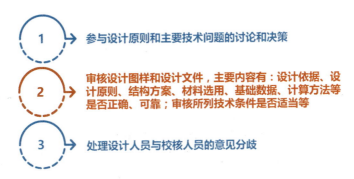

1 参与设计原则和主要技术问题的讨论和决策

2 审核设计图样和设计文件，主要内容有：设计依据、设计原则、结构方案、材料选用、基础数据、计算方法等是否正确、可靠；审核所列技术条件是否适当等

3 处理设计人员与校核人员的意见分歧

◎ 图 5-15　审核人员应履行的职责

5.2.4　明确团队成员的职责

很多设计团队成员并不清楚对方的角色和相互之间的责任（有些是因为缺乏良好的领导和管理），但要创作出伟大的设计，就要增强设计团队的凝聚力和团队成员的责任感，只有这样才能实现最佳效果。

以平面设计为例，有一个现实问题就是随着项目从概念产生到最后完成要经过很多专家的处理，如果是某个自由职业者单人负责一个项目，他就必须一个人完成一系列的工作。一般来说，设计工作流程从创意专家手中开始，在技术专家手中结束。这个过程对不同人员的经验和技能要求有所不同，同时对具体的设计专长要求也因角色而异。那些提出优秀创意的人并不一定能够很好地将创意转换成成品。所以，如果项目管理者让团队成员根据自己的长处来承担项目中不同的任务，项目的进展就会更加顺利。设计项目中这种任务分解的做法可以让最适合的人选将其专长聚焦在特定的方面。

表 5-1 展示了多数设计团队中的主要角色。当然，规模大的项目需要更多的人员（除了承担主要角色的人员，还要有插图家、摄影

师、动画师及程序员）。团队成员必须清楚，他们要与很多不同的人合作，而其中一些人通常会持有不同的观点，因此一定要明白尊重才是关键。

表 5-1 团队成员的职责

角色	职责
客户	发起项目，制定项目要求并且提供相关背景信息，制定创意纲要的框架；审批项目交付的文件，并对它们的质量进行评估
客户联络人（业务经理）	负责争取项目和推销本公司服务，包括每天与客户进行电话沟通、向项目经理提供建议
估算人（方案草拟者）	可能由客户联络人或由项目经理充当，处理所有与经济有关的问题谈判和准备项目所需文件
创意总监	负责提供整体愿景，负责起草创意纲要，制定战略，负责创意呈现，任命设计团队成员
项目经理	管理项目，制订与项目相关的计划，评估项目表现，采取修正措施，控制项目成果，管理项目团队，汇报项目状态
设计师	根据创意纲要设计作品，负责完成项目活动及制作需要交付的事项
文案	根据创意纲要完成文字工作
产品设计师	根据客户批准的设计方案制作成品
产品主管	负责设计产品的生产业务的投标与管理
出纳	提供所有与项目相关的发票，管理现金流，负责与钱相关的事宜
供应商	为项目团队提供产品或服务

5.2.5 成功的设计团队的特征

成功的设计团队的特征如图 5-16 所示。

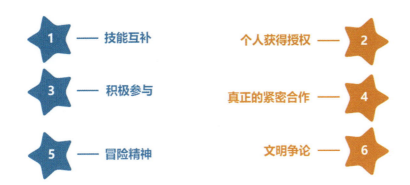

◎ 图 5-16　成功的设计团队的特征

1．技能互补

团队成员的工作风格、技能、经验、技术相当，但并不相互重叠，创意方面呈现多样性，这样的设计团队充满活力，能够创作出令人意想不到的作品。一个项目如果能够配备具有不同设计理念的设计师，那么这个项目的完成效果就会很好。

2．个人获得授权

团队中的每个成员，不管资历深浅，都积极贡献自己的想法和建议。他们希望得到信任，也希望能被委托以自己最大的能力完成各自的任务。设计团队得到客户的授权，以及团队成员被授予相应的权力，就能最大化地发挥各自的创造力。

3．积极参与

所有的团队成员都在项目进行过程中积极参与，视自己为项目的主人。所有团队成员都感觉他们为项目做出了真正的贡献，并热切地期待项目的结果。

4. 真正的紧密合作

团队成员要相互尊重并且彼此信任。基于持续的沟通和不断的聆听，团队形成了开放的氛围，致力于团队的工作。这根植于团队成员间的长期协作，会给项目带来卓越的成果。

5. 冒险精神

所有人都愿意抓住机会，勇于在设计工作中挑战极限，勇于尝试是创造力的源泉。

6. 文明争论

想法上的差异可以激发出新的点子，为团队带来设计的灵感。挑战现状和各自不同的信念可以使设计更为丰富，结果更为良好。不过，优秀的团队应清楚如何处理不同的意见，并能做到允许不同意见的存在，抑制毫无意义的冲突，然后继续前进。

5.2.6 不同的设计团队的组织形式

1. 以设计为中心

自 20 世纪 80 年代以来，以新材料、信息、微电子、系统科学等为代表的新一代科学技术的发展极大地拓展了设计学这门学科的深度和广度。技术的进步、设计工具的更新、新材料的研制及设计思维的完善，使设计学这门学科已趋向复杂化、多元化。传统的以造型和功能形式存在的物质产品的设计理念，开始向以信息互动和情感交流、以服务和体验为特征的当代非物质文化设计转化。设计从满足生理的愉悦上升到服务系统的社会的大视野中。人类处于向非物质文化转型的时代，设计文化呈现多元文化的交融趋势，生态资源问题、人类可持续发展问题给设计学的发展带来巨大的挑战。特别是进入 21 世纪，设计已成为衡量一个城市、一个地区、一个国家综合实力强弱的主要标志之一。全球化的市场竞争愈演愈烈，许多国家纷纷加大对设计的投入，将设计放在国民经济战略的显要位置。

英国前首相撒切尔夫人在分析英国经济状况和发展战略时曾指出，英国经济的振兴必须依靠设计。

设计艺术在中国也取得了惊人的成就，特别是改革开放以来，中国的设计艺术教育飞速发展，越来越多的高等院校设置了设计艺术学专业，全国开设设计艺术专业的院系已逾千所。随着中国经济的迅猛发展，设计艺术领域不断扩大，设计艺术的科目逐渐增加，设计艺术作品层出不穷。

在中国的社会文化发展中，设计已经成为视觉文化中极为突出的一部分，其内容涵盖工业设计、视觉传达设计、环境艺术设计、动漫设计、信息艺术设计、创意产业设计等多个方面。设计艺术在现代化建设中已经占有举足轻重的地位。

目前，设计在企业制造产品的过程中也是不可或缺的主角。设计不但可以使自己的产品与其他企业的产品有所区别，也是展现企业形象的工具。

设计团队的作用已经得到了越来越多的企业的重视。

2．案例：青蛙设计公司——一切都是为了创新

为什么全球主要的巨人企业（如微软、通用电气）在掌握了很多资源后，还需要转向如青蛙设计公司这样的机构寻求建议或解决方案？

青蛙设计公司在多年前就已经回答了这个问题："因为敏感而新鲜的想法难以存活在大多数企业的'毒性环境'中。"

德国的工业设计举世闻名，包豪斯设计学院和乌尔姆设计学院作为现代设计的重要摇篮，培养了两代设计师，开创了系统的设计方法和理性设计的原则。但到了 20 世纪 60 年代，商业主义设计盛行，德国工业设计中机械化且刻板的特征导致老牌设计公司逐渐失去竞争力。德国国内一些新兴的设计公司开始探索新的出路。青蛙设计公司就是其中的代表，其标志如图 5-17 所示。在创立之初，青蛙设计公司就把设计定位为策略性专业，与工业和商业相结合，创造出审美和功能兼备的科技产品。它希望所有的设计师都能够掌握自己的命运，而不是只做一个"装饰工匠"。

◎ 图 5-17　青蛙设计公司的标志

青蛙设计公司的创始人艾斯林格于 1969 年在德国黑森州创立了自己的设计事务所，这便是青蛙设计公司的前身。艾斯林格先在斯图加特大学学习电子工程学，后来在另一所大学专攻工业设计学。这样的经历使他能将技术与美学结合在一起。1982 年，艾斯林格为维佳公司设计了一种亮绿色的电视机，命名为青蛙，获得了很大的成功。于是艾斯林格将"青蛙"作为自己的设计公司的标志和名称。另外，"青蛙"（forg）一词恰好是德意志联邦共和国（Federal Republic of Germany）的缩写，也许这并非偶然。青蛙设计公司与布劳恩的设计一样，成了德国在信息时代工业设计的杰出代表。

青蛙设计公司的设计既保持了乌尔姆设计学院和布劳恩的严谨和简练，又带有后现代主义的新奇、怪诞、艳丽，甚至嬉戏般的特色，在设计界独树一帜。这在很大程度上改变了 20 世纪末的设计潮流。青蛙设计公司的设计哲学是"形式追随激情",因此,许多青蛙设计公司的设计都有一种欢快、幽默的基调,令人忍俊不禁。青蛙设计公司设计的一款儿童鼠标,看上去就好像一只真老鼠,诙谐有趣,逗人喜爱。

艾斯林格认为,20 世纪 50 年代是生产的时代,20 世纪 60 年代是研发的时代,20 世纪 70 年代是市场营销的时代,20 世纪 80 年代是金融的时代,而 20 世纪 90 年代则是综合的时代。因此,青蛙设计公司的内部和外部结构都进行了调整,使原先各自独立的领域的专家开始协同工作,从而创造了最具综合性的成果。为了实现这一目标,青蛙设计公司采用了综合性的战略设计过程,在开发过程的各阶段,企业形象设计、工业设计和工程设计 3 个部门通力合作。这一过程包括深入了解产品的使用环境、用户需求、市场机遇,充分考虑产品各方面在生产工艺上的可行性等,以确保设计的一致性和高质量。此外,还必须将产品设计与企业形象、包装和广告宣传统一起来,从而使传达给用户的信息具有连续性和一致性。

青蛙设计公司的设计原则是跨越技术与美学的局限,以文化、激情和实用性来定义产品。艾斯林格曾说:"设计的目的是创造更为人性化的环境,我的目标一直是将主流产品作为艺术来设计。"由于青蛙设计公司的设计师们能应对任何前所未有的设计挑战,完成各种不同的设计项目,大大提升了工业设计职业的社会地位,并宣告工业设计师是产业界最基本的重要成员及当代文化生活的创造者之一。艾斯林格 1990 年荣登《商业周刊》的封面,这是自罗维 1947 年作为《时代周刊》封面人物以来,设计师仅有的殊荣。

对青蛙设计公司来说,设计的成功既取决于设计师,也取决于业主。相互尊重、高度的责任心及相互间的真正需求是极为重要的,而这正是青蛙设计公司与众多国际性公司合作成功的基础。

青蛙设计公司的全球化战略始于 1982 年，在美国加州坎贝尔设立了事务所。1986 年，青蛙设计公司在东京设立事务所，开拓亚洲业务。青蛙设计公司在美国的事务所为许多高科技公司提供设计服务，特别重视产品与用户之间的交互关系。1982 年，青蛙设计公司获得了和苹果合作的机会，受邀到加州开设了分公司。它提供的设计背离了当时科技产品笨重、单调的外观，提供了一种新的设计语言，其中包括如下策略：

苹果电脑将会是小巧、干净、白色的；

所有图形和字体都必须是简洁而有秩序的；

最终产品将由最先进的工厂车间打造，具有灵巧和高科技感的外观。

作为苹果公司的长期合作伙伴，青蛙设计公司积极探索"对用户友好"的计算机，采用了简洁的造型、微妙的色彩，简化了操作系统，从而取得了极大的成功。1984 年，青蛙设计公司为苹果公司设计的苹果 II 型计算机出现在《时代周刊》的封面上，被称为"年度最佳设计"（见图 5-18）。

◎ 图 5-18　青蛙设计公司为苹果公司设计的苹果 II 型计算机

从此以后，青蛙设计公司几乎与美国所有重要的高科技公司都有成功的合作，其设计被广泛展览、出版，并成为荣获美国工业设计优秀奖品最多的设计公司之一。几十年过去了，我们惊讶地发现，以上提及的这些策略仍然被当作苹果风格的灵魂，沿用至今。

青蛙设计公司的设计师们也需要灵感（见图5-19），他们常说：激发创意设计的灵感，应该让这些设计元素都呈现在我们的眼前，然后我们可以更好地思考。和其他同类公司相比，青蛙设计公司有更加丰富的经验，因而能洞察和预测新的技术、新的社会动向和新的商机。正因为如此，青蛙设计公司能成功地诠释信息时代工业设计的意义。

◎ 图5-19　青蛙设计公司的设计师们正在讨论设计思路

在我们生活的时代里，虽然数据已经是我们所拥有的最丰富的资源，但它疯狂增长的速度仍然超过了我们的想象。这座空前的"金矿"将会改变我们对世界的认知，并帮助我们解决各种从简单到复杂的问题。我们面临的问题是：对于这些挖掘出来的数据，我们要如何将它们进行变换，让它们融入我们的世界，让人们的生活更美好呢？青蛙设计公司给了人们一些启示。

在城市污染日渐严重的中国，使用防污染口罩是一个普遍的做法。青蛙设计公司希望能从开放思维、技术驱动角度出发，设计一款可兼顾污染防护与实时污染检测的口罩（见图5-20）。这款口罩是一个众

包模式的结晶，不但可以过滤城市空气，还可以通过内置的传感器检测、报告空气质量。口罩与手机通过 USB 连接同步，从而将空气质量数据共享到手机的应用程序上，用户不但可以查看所在城市街道一级的污染水平，还可以寻找污染较轻的路线。

◎ 图5-20　兼顾污染防护与
实时污染检测的口罩

阿姆斯特丹工作室为大家带来的 Mnemo 是一个具备社交功能的友谊手镯（见图5-21）。它可以随时记录和分享音频、视频、地理位置等信息。Mnemo 可以定制并回收。两台或更多的 Mnemo 连接在一起，便可以创造出朋友们共同的回忆。

◎ 图5-21　Mnemo

奥斯汀工作室的 Tree Voice 可"穿戴"于树干上，利用传感器收集噪声、温度、污染度等数据指标，可通过发光及显示标志性图像将这些数据展示给路人。

青蛙设计公司的设计师们通过能够将运动能量转化为电能的装备 Kinetik 来享受旧金山这座城市的动感与活力（见图 5-22）。

◎ 图 5-22　Kinetik

西雅图工作室则为大家带来了一个无须掌握编织技巧的模块化的设计产品，它可以让女孩自由地组合物件，以表达她们独树一帜的风格（见图 5-23）。

◎ 图 5-23　编织技巧模块化

米兰工作室的设计产品 CompassGo 是一款引领旅行者和探险家探索和发现的一个"罗盘"，它可以给用户提供未知的经验和意想不到的探索体验，如同一个如影随形的导游（见图 5-24）。

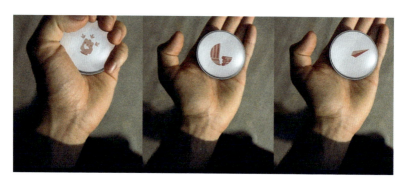

◎ 图 5-24　CompassGo

Icho 来自慕尼黑工作室，它是为视障人士而设计的视觉导航仪。Icho 通过被动感知和主动接触技能为用户提供了更新、更高级别的访问权限——连接城市公共空间，让视障人士在城市公共空间更为自由地感知周边环境（见图 5-25）。

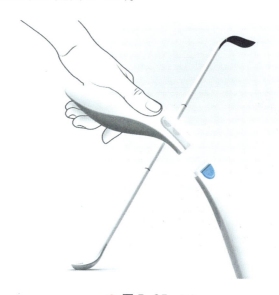

◎ 图 5-25　Icho

青蛙设计公司的业务已经从工业设计、用户界面设计，发展到实现了两者的融合，同时参与品牌战略设计和社会创新服务概念的策划。其设计产品包括将传统加油站改造为电动汽车服务的充电站，使用移动技术设计未来的数字医疗方案，结合数字世界的优势和现实世界的购物体验所设计的新型零售终端——可提供智能化建议和实时互动。今天的青蛙设计公司早已不再称自己为一家设计公司，而自称为一家创新公司。正是对创新的不懈追求，加上远见和冒险精神，青蛙设计公司从一个小工作室成长为国际设计巨头。

5.2.7　团队管理的问题处理

即便有再好的初衷，很多设计师在与他人的合作中也会出现问题，这可能归因于创意的独立性。设计师通常追求创作的快感，他们可能花费数小时甚至数天来构思好的创意或创新的设计方案，所以，他们可能好长时间才能想起来上网查一下团队其他成员都在干什么。事实上，这种工作方式并不好，这也是要对设计师必须进行有效监管的原因。项目经理需要找到一种既不使人反感又非常有效的方式来对团队成员进行监管。

有几种情况会浪费时间，降低工作效率，如图 5-26 所示。因此，项目经理必须对此予以提防。

◎ 图 5-26　项目经理需提防的几种情况

1. 文化和沟通

设计公司永远希望为员工营造一种有利于开发创造力和业务能力的文化。良好的项目管理可以帮助设计公司朝这个目标迈进。项目经理可以使用的一个最有力的工具就是沟通。项目经理需要持续参与的沟通活动如图 5-27 所示。

◎ 图 5-27 项目经理需要持续参与的沟通活动

通过这些沟通活动，项目经理就对项目的工作流程有了一个客观的认识，并且可以将这些信息传达给所有的相关人员，然后所有的相关人员就要根据项目经理传达的信息开展各自的工作。

2. 正面做法

项目经理管理团队的正面做法如图 5-28 所示。

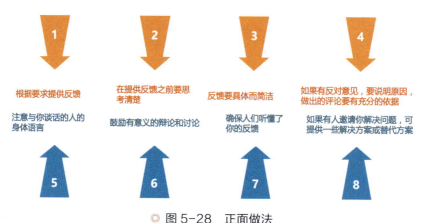

◎ 图 5-28 正面做法

3. 反面做法

项目经理管理团队的反面做法如图5-29所示。

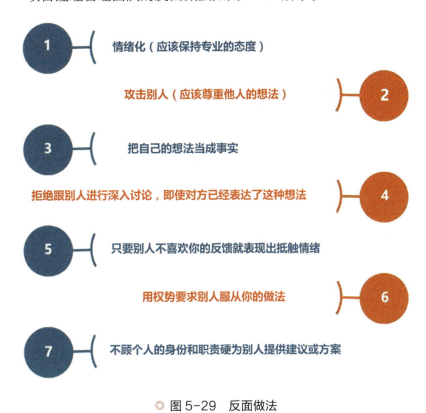

1　情绪化（应该保持专业的态度）

攻击别人（应该尊重他人的想法）　2

3　把自己的想法当成事实

拒绝跟别人进行深入讨论，即使对方已经表达了这种想法　4

5　只要别人不喜欢你的反馈就表现出抵触情绪

用权势要求别人服从你的做法　6

7　不顾个人的身份和职责硬为别人提供建议或方案

◎ 图5-29　反面做法

5.3　创意管理

5.3.1　管理的艺术

管理人才是一门艺术，而项目经理则需要掌握这门艺术。他们要能够确定和实施预算计划和时间表，同时能对团队成员进行管理。项目经理的工作伙伴是创意总监和设计公司的老板。他们需要运作设计团队，拿出最好的创意和最高的生产率。对设计项目或设计公司来说，成本中占最大比例的就是设计团队的报酬。所以，项目经理应妥善地发掘并利用设计团队的能力，使他们持续地提供最好、最有用和最具创意的成果。

我们知道，绝佳的创意不一定能够按照要求创造出来，有时候，我们需要更长的时间才能把工作做得更好。但是，专业的设计师总会尽力持续高效地完成设计工作。要做到这一点，在很大程度上依赖于项目经理是否做到了知人善任（见图5-30）。

他们是否清楚创意纲要和项目目标

他们是否具备项目所需的技能

他们是否拥有项目所需的创意能力

他们管理时间的能力是否符合要求

他们对这个项目及团队成员是否持有良好的态度

◎ 图5-30　项目经理在用人时需要明晰的问题

1. 激发最大的潜能

一个头脑清晰的管理者会制定清楚、明确的愿景，并以此为基础指导团队工作。这种管理者能够激发出设计团队的最大潜能，会激励团队成员更富于创造性，敢于冒险，勇于挑战自己的极限。一些可以激发团队成员潜能的因素如图5-31所示。

设计公司有时候也不想让自己的员工过于富有创造性，而只是希望员工的创造力保持在客户预期的范围内。这一点需要对员工进行额外强调，将创造力限制在能达成一致的项目参数及不可避免的项目限制因素范围内。这一点十分重要，这也是区分"为了设计而设计"和"为了艺术而设计"两类设计师的重要标准。但在设计自己公司的宣传材料时，设计师可以尽情地发挥其创造性。

1	相互尊重
2	认可团队成员的贡献
3	提供良好的工作条件，以及富有挑战和趣味性的工作
4	提供发展机会
5	给予经济或其他方面的奖励

◎ 图 5-31　激发团队成员潜能的因素

2. 制作书面文件并加以规范

为了确保员工的表现符合公司的期望，设计公司可以采取的一个好办法就是与员工签订合同或协议，写明对劳动关系的期望、员工的任务描述及他们将获得的相应报酬。合同中应该包含的内容如表 5-2 所示。

表 5-2　合同中应该包含的内容

序号	合同中应该包含的内容
1	雇用日期
2	待遇(工作的小时数/天数、病假、公共假期、有薪假期等)
3	完整的工作描述
4	薪资
5	福利（医疗保险、专业人员身份、培训或再教育机会、退休保障计划等）

序号	合同中应该包含的内容
6	员工表现考核流程
7	第一次员工表现考核的日期
8	雇主的签名及日期
9	雇员的签名及日期

设计公司的老板时常抱怨员工不能胜任工作，或者总是说员工的工作重点与公司的要求有差别。这通常是由于沟通不畅造成的。每个员工的合同中都应该清晰地按照重要性的顺序标示出他们的职责，然后由项目经理对员工的工作进行监督，确保员工在项目中尽到职责。

5.3.2 员工的评估

影响设计团队生产率的因素有很多，包括项目工作条件（工作类型和复杂性）、障碍性活动（沟通不畅、客户不够配合、计算机出现问题、团队成员健康问题等带来的障碍），以及团队成员的特点（团队成员的品质和贡献）。《PMBOK 指南》一书建议，评估员工及其工作表现可以考虑 18 个因素，如表 5-3 所示。

表 5-3 评估员工及其工作表现时需考虑的 18 个因素

序号	需考虑的因素	序号	需考虑的因素
1	工作质量	4	沟通能力
2	工作数量	5	人际交往技巧
3	工作知识	6	抗压性

序号	需考虑的因素	序号	需考虑的因素
7	相关知识	13	安全意识（对设计团队来说是创意意识）
8	判断力	14	对利润和成本的敏感性
9	主动性	15	计划的效果
10	资源的利用	16	领导力
11	可靠性	17	委托力
12	分析能力	18	帮助他人发展的能力

《PMBOK 指南》一书中，以 3 分为满分，对每个项目进行评估。员工的得分越低说明表现越好。其中，3 分说明需要提高，2 分说明达到要求，1 分说明很有优势。

5.3.3 领导风格

如何领导团队取决于一个人的脾气秉性、信念、风格及当时的环境，但有用的方法也不可能次次奏效。了解一些领导风格的内容可以为我们领导团队提供更多的选择。

影响领导风格的因素如图 5-32 所示。

20 世纪 30 年代，以库尔特·勒温为首的美国爱荷华大学的社会心理学家经过研究得出结论：根据决策方式的不同，人们的领导风格可以分为 3 类。他们对制作手工艺品的儿童进行了实验，结果表明，人的行为是其内部构造的产物，但是在很大程度上受其所处环境的影响，而不同的领导风格会带来不同的结果。

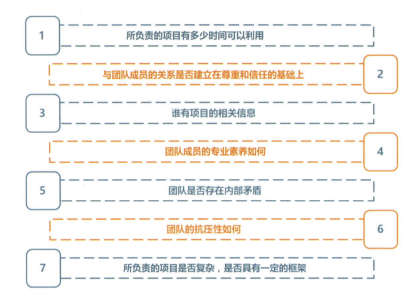

◎ 图 5-32　影响领导风格的因素

1. 专制型（发号施令型）

（1）专制型领导风格的特点如图 5-33 所示。

中央集权　　　单边决策,不需要他人参与意见　　　明确界定领导和一般员工

1　　2　　3　　4　　5

独自决定工作方式　　　限制员工的参与和介入

◎ 图 5-33　专制型领导风格的特点

（2）在如图 5-34 所示的 5 种情况下，专制型领导风格可以发挥好的作用。

1　决策过程不需要参与意见

2　不管有什么意见，决定都不会改变

3　无论是否能够参与决策都不影响团队的积极性

4　没有时间进行群体决策

5　领导者是团队中知识储备量最大的成员,员工并不清楚自己的工作

◎ 图 5-34　适用于专制型领导风格的 5 种情况

（3）专制型领导风格的影响（正面和负面）如图 5-35 所示。

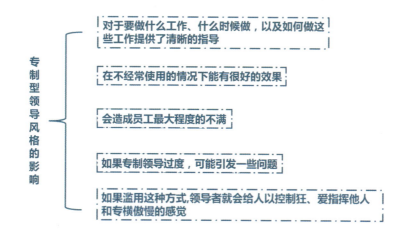

专制型领导风格的影响

- 对于要做什么工作、什么时候做，以及如何做这些工作提供了清晰的指导
- 在不经常使用的情况下能有很好的效果
- 会造成员工最大程度的不满
- 如果专制领导过度，可能引发一些问题
- 如果滥用这种方式,领导者就会给人以控制狂、爱指挥他人和专横傲慢的感觉

◎ 图 5-35　专制型领导风格的影响

2. 民主型（参与型）

（1）民主型领导风格的特点如图5-36所示。

◎ 图5-36　民主型领导风格的特点

（2）民主型领导风格的两种工作方式如图5-37所示。

◎ 图5-37　民主型领导风格的两种工作方式

（3）在如图5-38所示的3种情况下，民主型领导风格可以发挥积极的作用。

◎ 图5-38　民主型领导风格发挥积极作用的3种情况

（4）民主型领导风格的4个影响（正面和负面）如图5-39所示。

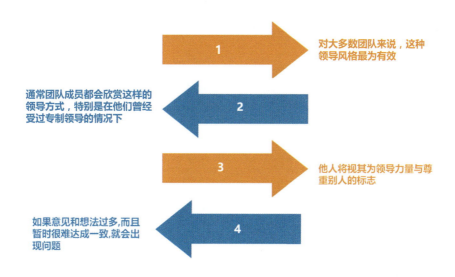

◎ 图5-39　民主型领导风格的4个影响

3. 放任型（委任型、自由领导型）

（1）放任型领导风格的 5 个特点如图 5-40 所示。

◎ 图 5-40　放任型领导风格的 5 个特点

（2）在如图 5-41 所示的 4 种情况下，放任型领导风格可以发挥积极的作用。

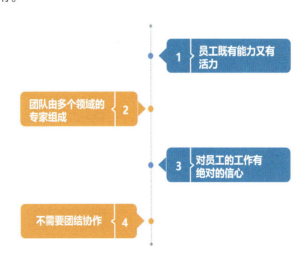

◎ 图 5-41　放任型领导风格发挥积极作用的 4 种情况

（3）放任型领导风格的影响（正面和负面）如图 5-42 所示。

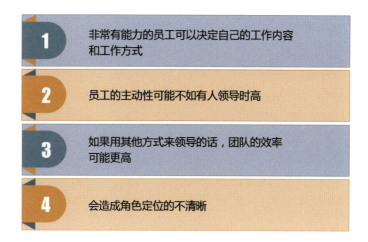

◎ 图 5-42　放任型领导风格的影响

5.3.4　团队职责及冲突处理

1. 高效的设计团队特征

在设计团队中，既要重视整个团队的作用，同时也要重视个人的作用，这就是管理设计团队和其他项目团队的不同之处。设计团队在设计和开发一个项目时，核心团队成员不宜超过 8 个，理想的人数是5~7 个。

一个高效的设计团队具有如下特征。

1）组织上

（1）团队成员保持一种横向的平等关系，而不是有等级的相互关系，领导者对各种人才一视同仁。

（2）既重视发挥团队的作用，也重视发挥个人的作用。

2）管理机制上

（1）强调为实现设计目标的自我控制。

（2）决策的形成是构筑在以解决问题为导向的相互沟通基础上的。

（3）以工作指标、完成质量和所发挥的潜能来评判团队成员的贡献。

3）工作上

（1）努力营造一种幽默、诙谐的团队气氛，并能利用这种气氛来缓解工作中的紧张压力。

（2）鼓励创新，但也允许失败，鼓励人人都参与到创新中来。

（3）主动征求各级管理部门、各类专家和用户的建议，主动识别自身在工作中的不足，营造一种开放、诚实、信任的工作氛围。

（4）团队成员之间沟通顺畅。

2．项目经理及团队成员

在一个设计团队中，项目经理肩负重任，合格的项目经理要具备以下 3 种工作能力。

（1）有能力。

一个称职的项目经理必须具备良好的工作能力，这一能力包括在专业技术上的能力和对团队管理方面的能力。

（2）有愿景。

项目经理要具有较好的愿景和规划能力。

（3）有一定的权力。

项目经理必须具有足够的权力来管理和控制来自不同部门的团队成员。项目经理必须获得正式的授权来进行设计项目的决策，决不能被职能部门领导和上级领导随意指挥和干涉。

项目经理要善于发现和利用团队成员之间的职能差异。例如，设计师的思维活跃，会用具体的形象来表达自己的思想，会以形态、材料、质感、比例作为他们表达设计思想的主要语言；工程师善于进行理性思考，在设计一件产品时，往往先考虑功能问题，因此他们更关注机构的运作、内容质量、生产加工及成本等问题。

团队成员的岗位及特点如表 5-4 所示。

表 5-4　团队成员的岗位及特点

岗位	典型特征	积极的品质	需注意的缺点
项目经理	沉着、自信、自制	处事能力强，不怀偏见地欢迎一切潜在贡献者提供的建议，目标感强	智力或创造能力方面与常人无异
设计师	容易激动、外向、好动	有干劲并随时准备挑战惯例	想法脱离实际、善变
参谋	很强的个人主义、心思缜密、不拘常理	有天赋、想象力丰富、聪明、博学	脱离实际、容易忽视实用的详细资料或草案
资源调查人	外向、热情、求知欲强、健谈	与人接触和探索新事物的能力强，回应挑战的能力强	热情转瞬即逝
监督/评估人员	冷静、客观、谨慎	有较强的评价能力和判断能力，有头脑	缺乏灵感或激励他人的能力
技术专家	专才，能自我激励、专注投入	提供非常宝贵的知识和技能	贡献涉及的领域窄，局限于专门的领域

3. 团队冲突

在设计项目执行的过程中，项目各职能团队成员之间的冲突是不可避免的，主要包括人际关系型冲突、任务型冲突（各方对团队任务认知差异而造成的冲突）及流程型冲突（包括在行事方式和资源分配方面的意见分歧）。其中人际关系型冲突是围绕人与人之间的复杂的冲突，其产生原因主要有两种。

（1）在某些实质性问题上的利益冲突。多数人际关系型冲突归根到底是利益差异导致的分歧和矛盾。

（2）负面情绪的冲突，如不信任、恐惧、拒绝和愤怒等不相容的行为。

虽然这两类人际关系型冲突通常互相作用，混杂在一起，但处理这两类人际关系型冲突的方法却有很大的区别。处理前者必须着重问题的解决，如采取合作与谈判的方式；而对待后者则强调修正冲突双方的观点和对正面的团队态度的培养。

处理团队冲突要本着协商的原则：对事不对人；寻找能调和双方利益的解决方案；确立容易接受的客观标准，关注利益而不是立场。冲突管理对策主要有如下几种。

（1）冲突管理对策之一——回避。

在冲突发生后，领导者可能选择一种消极的处理办法，如无视冲突的存在，而是希望双方通过减少接触次数来消除分歧。

（2）冲突管理对策之二——建立联络小组。

当团队内的群体交往不频繁，而组织目标又要求他们协同解决问题时，群体间就可能产生冲突。对此，可以建立联络小组。

（3）冲突管理对策之三——树立超级目标。

在群体之间存在着相互依赖关系的情况下，树立超级目标有助于领导者处理团队冲突和提高团队工作效率。

（4）冲突管理对策之四——采取强制办法。

（5）冲突管理对策之五——解决问题。

由于团队内的群体、个体往往可能不总是进行相互间的沟通，在这种情况下采取解决问题的办法来处理团队冲突或许最合适。领导者可以采用比较永久性的固定形式，就事论事地处理某些具体问题。

冲突管理的协商步骤有以下几点。

（1）弄清楚冲突中的主要问题是什么，在哪个环节出了问题等。

（2）确定引起冲突问题的主要原因是什么，最好由双方共同说明或双方各自说明。

（3）形成解决问题的方案，最好由双方合作完成。

（4）协商确定应该采用哪种方案。

（5）协商并达成一致。

5.3.5　RACI 矩阵图

如何将团队成员之间互助的责任形象地表示出来？其中一个方法就是制作 RACI 矩阵图。图 5-43 展示了完成一个项目所需的各项任务、人员及各自担任的具体角色。

R（Responsible）：参与方，即谁来开展工作。

A（Accountable）：责任人，即谁来审批工作。

C（Consulted）：顾问，即谁来为工作提供意见或建议。

I（Informed）：被知会方，即谁会收到工作进度报告。

第一阶段:标志设计任务	客户	业务经理	创意总监	设计师	项目经理	
启动会议	R	A	R	R	R	
客户访谈	I	A	R	R	C	
视觉审查	I	C	A	R	I	
竞争环境	I	A	C	R	I	
设计研究	I	C	A	R	I	

RACI矩阵图样本

R 参与方　　C 顾问

A 责任人　　I 被知会方

◎ 图5-43　RACI 矩阵图样本

要让 RACI 矩阵图使用起来更高效，在每个任务中只能分配一个人来担任角色 A（也就是说，只有一个人来接受问责），但多个团队成员可以被分配为角色 R。角色可以作为计划和沟通的工具，在项目的早期阶段可以发挥很大的作用。

5.3.6　有效的设计评价

在所有项目的特定阶段，设计都需要经过内部和外部的评价。有些设计公司也会要求设计团队评价自己的设计作品。以下是团队成员评价设计作品时可以参考的步骤和需要考虑的问题。

（1）概览阶段需考虑的问题如图 5-44 所示。

◎ 图 5-44　概览阶段需考虑的问题

（2）分析阶段需考虑的问题如图 5-45 所示。

◎ 图 5-45　分析阶段需考虑的问题

（3）解读阶段需考虑的问题如图 5-46 所示。

（4）评估阶段需考虑的问题如图 5-47 所示。

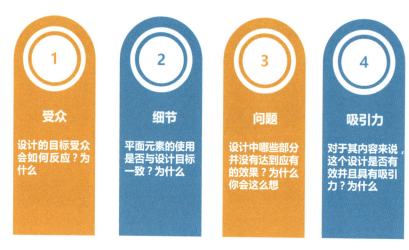

◎ 图 5-46　解读阶段需考虑的问题

<table>
<tr><td>创意纲要</td><td>判断</td></tr>
<tr><td>这个设计是否能满足创意纲要的目标?如果没有,为什么</td><td>鉴于以上问题的答案,这个设计是否能够奏效</td></tr>
</table>

◎ 图 5-47　评估阶段需考虑的问题

第 6 章

产品推广运营的管理

所谓产品推广是指企业为扩大产品所占的市场份额，提高产品销量和知名度，而将有关产品或服务的信息传递给目标消费者，激发和强化其购买动机，并促使这种购买动机转化为实际购买行为而采取的一系列措施。

产品推广不是一个出名的名词概念，不是由哪个科学家提出的，而是在市场发展过程中演进出来的，是指对某个产品的性能、特点进行宣传、介绍，使消费者接受、认可、购买，是销售、营销的手段和方式。

也有人认为，产品推广的概念从字面上理解：推，即推动，拉动；广，即广而告之、广而卖之；推广，即聚焦、放大、沟通、说服消费者购买的过程。那么，如何利用产品推广的手段达到企业营销的目的？有效的产品推广应包括两个要素：拉力和推力。拉力包括产品推广的宣传与服务两个要素，推力包括客户渠道的主推力、终端现场推动力、促销的推动力。

6.1 决定有效产品推广的关键因素

6.1.1 市场调查与分析

如何进行信息的收集与整理？在产品推广中，一定要重视市场调查的重要性。哪些信息是企业应该收集的，对企业的营销有什么影响？企业应收集的信息基本包括 4 个方面：企业自身的信息（知己），竞争对手的信息（知彼），合作伙伴的信息（客户、物流），顾客、市场的信息（终端顾客、消费者）。企业对自己的信息可能比较清楚，但对于竞争对手的信息能了解多少？竞争对手的信息包括哪些？这些信息通过什么途径获得，如何获得？这就要求营销人员掌握市场调查与分析的技巧。营销人员要重视市场调查与分析，不能不经调查与分析就采取闭门造车的营销策略。这在许多知名企业中都有失败的案例和教训。

为什么许多看起来创意很好的广告没有销售力？为什么许多非常俗气的广告却有生命力？这都是企业缺乏市场调查与分析，凭自己的主观判断，对消费者需求理解偏差造成的。因此，我们一定要通过市场调查来了解消费者的想法，了解竞争对手的想法，了解经销商、客户的想法，而不能关起门来自己想方法。因为没有调查就没有发言权。

6.1.2 有效的产品规划与管理

决定战争胜利的主要因素之一是武器装备，但不是绝对因素，历史上也有许多以弱胜强的经典案例。在产品推广中，产品是有效推广的重要武器，是营销 4P 的重要一环。

有效的产品营销策略组合即产品线设计，能够有效地打击竞争对手，是提高企业盈利能力的有效武器。产品营销策略组合应包括如何提高企业自身产品的技术研发与应用，如何进行产品概念的提炼与包装，以及如何调整产品销售结构与组合。企业生存的目的是盈利，提高企业盈利的方法有三种：一是产品价格比竞争对手高；二是企业效率比竞争对手高，成本控制比竞争对手好；三是产品销售结构组合较好。营销与销售的根本区别是：销售是把产品卖出去，而营销是持续地把价格卖上去。如何把自己产品的价格卖得比竞争对手产品的价格高？这就需要有效的产品推广和有效的产品营销策略组合。

6.1.3　终端建设与人员管理

　　在战争中，曾有天时、地利、人和三大关键要素。常言说：天时不如地利，地利不如人和。选择作战的时机很重要，但占据有利的地形和阵地更重要。在产品推广中，终端建设就像抢阵地，要占据有利地形、位置。终端是实施营销战争的阵地，要想打败竞争对手，就要占领有利的阵地，消灭竞争对手的有生力量，而体现在终端就是要比竞争对手卖得多。

　　人员管理体现在产品推广中的兵力较量上。能否胜利取决于兵力的多少、素质的高低，以及技能、领导、士气、团队精神等。根据兵法原理，要想保持领先竞争对手，必须拥有多于竞争对手 1.7 倍的兵力，这样才能占有绝对优势。因此，在终端建设中，国产手机、家电等企业在"战争"初期，在分析自己在产品、技术方面的劣势后，都采取了在终端增加促销人员的策略，进行人海战术，从而打败外资品牌企业。如今，在渠道同质化、产品同质化严重的竞争情况下，终端成为新的竞争点，且越来越受到企业的重视，这就是终端的力量。

6.1.4　促销活动的策划与宣传

战争讲究战略和战术，战略是营销的方针，战术就是如何去做。营销4P为产品、价格、渠道、促销，其中产品、价格、渠道都可以归纳为战略。只有通过促销手段，才能促进战略的实施与执行。促销涉及产品、价格、渠道等几个方面。

搞促销活动就如同打仗。第一要确定作战口号，师出有名，有统一的主题；第二，要占据有利地形，选择最好的卖场，抢占最好的位置；第三，集中兵力，以绝对优势压倒竞争对手；第四，产品组合到位，武器装备精良；第五，资源配备到位，广告宣传到位，合理投放资源。有效的产品推广也是如此。打胜仗其实很简单，只要学会掌握产品推广的技巧和要领，了解营销战争的本质，强化在工作中的执行力，就一定能超越竞争对手。

6.2　App营销在产品推广运营中的作用

如今，App改变了我们的生活方式。

消费者的变化是一个根本的事实，大多数的企业已经认识到这一点，但是光有这个认识还不够，企业还需要清楚围绕消费者的变化应如何做出努力，这就要求企业能够围绕着消费者来选择自己的战略。

全球科技已经从机械化时代进入数字化时代，互联网、计算机、智能手机、智能穿戴和社会化媒体等新兴事物正在给消费者的生活方式和消费模式、生产厂家的生产方式和营销手段带来深刻的影响。人们逐渐习惯了使用App上网的方式，而目前国内各大电商均拥有了自己的App。社会大众越来越多地运用App将更多的功能化、情感化和精神化利益融入生活，在科技浪潮下，App 已迅速成为诸多国内外企业为消费者提供品牌体验价值的良好选择。

App 是英文 Application 的简称，由于 iPhone 智能手机的流行，现在的 App 多指智能手机的第三方应用程序。

一开始，App 只是作为一种第三方应用程序，以合作形式参与到互联网商业活动中去的，随着互联网越来越开放化，App 作为一种萌生的盈利模式开始被看重。一方面，App 可以积聚各种不同类型的网络受众；另一方面，企业可以借助 App 平台获取流量，其中包括大众流量和定向流量。

App 营销依托移动互联网进行，使用移动终端呈现，以 App 形式发布产品、活动或服务、品牌信息。作为智能科技的优秀代表，App 带来了一种全新的媒体应用方式，也创造了全新的媒体交互环境。全新的传播方式对营销方式产生了新的影响。App 营销变"被动接收"为"主动吸引"，在传播信息的可靠度、信息的互动价值、信息的个性化特征等方面要比传统的广告形式表现更好——通过娱乐方式搭建消费者与品牌关系的纽带，可以利用不可复制的用户体验提高消费者对品牌的好感度和忠诚度。

在 2020 年第 25 届迪拜购物节上，迪拜品牌游戏开发商开发了一款手机游戏（见图 6-1），以吸引迪拜购物节的 5000 万名购物者。该游戏为玩家提供了价值不菲的奖品。

购物者只需登录相应网站的游戏，便会有城市变成游戏场、数字游戏体验变成现实生活中的购物活动的新奇体验。通过玩游戏，玩家可以获得独家零售和餐饮购物券，而这些购物券可在迪拜的购物中心和商店中兑换。借助 GPS 技术，每当玩家踏入特定的购物和娱乐场所时，新的挑战便会被释放出来。完成挑战且挑战的次数越多的玩家赢得更大奖项的机会就越多。

◎ 图 6-1　迪拜购物节宣传活动

　　以色列宜家创意游戏手册如图 6-2 所示。以色列宜家推出了一款
"居家目录"，在这本目录中有大量的游戏、迷宫和图画供孩子和家长
一起娱乐。每个项目都结合了宜家的产品，如宜家的书架被拿来当作
五子棋的棋盘，迷宫挑战是让孩子们为台灯找到家，或让大家在涂色
板上寻找隐藏的螺丝扳手等，在寓教于乐中植入产品信息。

Sorry,
how do I get to IKEA?
Help our truck get back to the store.

Every home needs
some light
Help the lamp get back to her home.

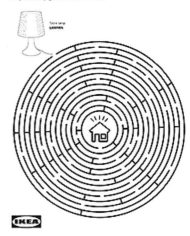

Where did I put
the keys?!
5 Allen keys are hiding in the living room, try to find them all.

4 In one shelf unit
The first player to complete 4 circles in a row, diagonal or column, wins. Each player marks one circle in his turn.

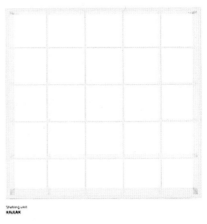

◎ 图 6-2　以色列宜家创意游戏手册

法国汉堡王的创意推广如图 6-3 所示。法国汉堡王广告代理商为推出了这个解题得汉堡的活动——为不得不在家里学习的学生每天推出一个新问题，先解题的用户就可以兑换一份免费的汉堡。学生们想要参与，需要下载汉堡王 App，并解决数学、化学或文学等学科的问题。

◎ 图 6-3　法国汉堡王的创意推广

6.3　广告设计在产品推广运营中的作用

现代广告教父大卫·奥格成曾说："一个优秀的、具有销售力的创意必须具有吸引力与关联性，这一点从未改变过。但是，在广告噪声喧嚣的今天，如果你不能引人注目并获得信任，依然一事无成。"

归根结底，广告是在运用"图文音视"的传播介质向目标（潜在）用户传递信息，用户和广告之间的互动（如点赞、分享、评论、再创造）也是广告的一部分。在制作广告时，互动应该是战略规划的一部分。

6.3.1　广告设计的 3 个功能

1．传递功能

商业广告的功能之一是向特定的目标受众传达某种观念、产品或企业信息，以期达到促进销售的目的。真实可信是广告产生说服力和感染力的基础，是能够实现广告目的的最基本的原则。在创意、设计、表现的过程中，企业应从保护消费者利益的角度出发，向消费者真实地反映产品的属性、功能、质量、规格、特点等情况。从企业的角度来说，广告是产品信息的载体，通过广告可以了解竞争对手的信息，以促进整个行业的发展。就像德国拜尔杀虫剂广告（见图 6-4）：像它们对待你一样对待它们，其咬牙切齿的广告画面给人以强烈的视觉冲击。

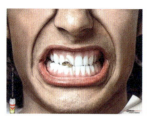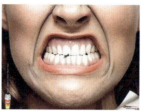

◎ 图6-4 德国拜尔Baygon杀虫剂广告

2. 促销功能

广告在潜移默化中引导着人们的消费观念，倡导着消费时尚，使人们产生购买的欲望。在市场经济中，广告宣传可加速产品流通，扩大产品的销售，提升生产者的利润，有利于竞争。高露洁牙膏广告如图6-5所示。画面中的主体虽然是老年人，但他们打扮时髦、精神矍铄、笑容灿烂，该广告完美地传达出高露洁倡导的健康、积极、向上的生活方式，极富感染力。

◎ 图6-5 高露洁牙膏广告

3. 形成品牌

在市场经济竞争中，同类产品越来越多，且各方面的差异不断缩小，这促使企业越来越重视通过广告的策略、创意和表现来展示产品的差别，树立产品的品牌个性。广告应准确传递产品个性的观念，只有与众不同才能使广告达到预期的目的，从而增强产品在市场中的强劲竞争力。图 6-6 所示为本田广告的对称式构图，整个画面非常均衡有力：大面积的留白让人们一眼就能看到本田的品牌名称，而婴儿的两只小手紧紧地抓着妈妈的手指，传递给人们满满的爱与力量，形象地表达出品牌的"爱的力量"的理念。

◎ 图 6-6　本田广告

6.3.2　案例：民生信用卡 15 周年"聚无不胜"

每个人的生活里都曾充斥过"聚不能得"的无奈瞬间，比如不能和家人团聚、不能和朋友聚会、不能和异地的恋人相聚。但也正是在这些瞬间，我们积累了许多平常难以体会到的情绪，互相之间的关心、体谅、珍惜、耐心，以及凝聚在一起的力量感。民生信用卡 15 周年的广告片敏锐地捕捉到了这些情绪，运用社会化的主题洞察，重新阐释了"聚"的概念。广告片中的很多片段取材自多个真实的场景，更具感染力。

1. 解构式情绪洞察

广告片要能做到击中人心，要先找到一个情感洞察点，拥有能够引发话题讨论的爆破力。

在抓住情绪的基础上进一步延展，民生信用卡 15 周年的广告片深刻阐述了这样的内容：尽管我们作为独立的个体能够靠自己生活得不错，但总有一些时刻单凭个体的力量不够，我们需要他人，因为依靠群体的力量能够更好地攻克难关，创造更多的可能。

2. 场景化叙事

打动人心的剧本藏在生活里。广告片采用场景化的叙事手法，使其更接近电影：创业路上，常常说分开，却没有被打散过；哪怕教室只有一个人，坚守着，总有一天会等来一群人；特殊时期，有一群人，义无反顾，为了更多的人；聚在一起，则会变得了不起。

3. 打通受众圈层

民生信用卡 15 周年的广告片中的众生相覆盖了多元的年龄层，从年幼的小孩，到正值青春的奋斗者，为了他人而坚守在自己岗位上的护士、乡村教师，还有更多普普通通的人。剧本选择的不是具体的某个人物的故事，而是聚焦不同身份和职业的小人物们的生活碎片。该广告片采用契诃夫式的小人物叙事方式，每个小人物都是自己生活剧本里的主角，多主线穿插，围绕凝聚与信任的主题。这些片段能够让人们感受到广告片中人物的性格、情绪、正在经历的故事，而这些正面的力量足以打动每一个年龄层的受众。这种聚焦社会议题的策略在打破受众圈层的同时，也能够为广告片的二次传播甚至多级传播提供可能。

4. 品牌价值传递

整个广告片的拍摄手法和叙事节奏都突破了大家对于金融类广告

主题的固有印象，在近乎严苛的精良制作和细腻的情节铺设之上传达出一种中华文化。广告片结尾的一句"聚无不胜"则巧妙地引申回品牌的价值主张——相聚前行，信任长在。将"聚"的主题延伸到线下，民生信用卡开展了"聚惠民生日"，聚惠于民，推出一系列优惠活动，为大家的美好生活聚一份力。

6.4　包装设计在产品推广运营中的作用

包装设计是一种将产品信息与造型、结构、色彩、图形、排版及设计辅助元素相联结，使产品可以在市场上销售的行为。包装本身具备容纳、保护、运输、经销、识别与产品区分的功能，最终以独特的方式传达产品特色或功能，从而达到产品的行销目的。

包装设计必须通过综合设计方法中的许多不同方式来解决复杂的行销问题。例如，头脑风暴、探索、实验与策略性思维等，都是将图形与文字信息塑造成概念、想法或设计策略的几个基本方法。经由有效设计解决策略的运用，产品信息便可以顺利地被传达给消费者。

包装设计必须将审美功能作为产品信息传达的手段，由于产品信息是传达给具有不同背景、兴趣与经验的人的，因此人类学、社会学、心理学、语言学等多领域的知识可以辅助设计流程与设计选择。若要了解视觉元素是如何传达的，就需要具体了解社会与文化差异、人类的非生物行为与文化偏好及差异等。

包装设计是使产品在从企业到消费者的过程中保护其使用价值和自身价值的一个整体的系统设计工程，它贯穿着多元的、系统的设计构成要素，要有效地、正确地处理设计各要素之间的关系。包装是产品不可或缺的组成部分，是产品生产和产品消费之间的纽带，与人们的生活息息相关。

1．案例1：East Rock海鲜包装设计

包装不仅要简洁大气，而且要能够被高效制作。

East Rock海鲜包装如图6-7所示。设计师采用了日本"鱼拓"的概念，在主视觉上使用黑白的鱼拓形象，而Logo则借用了日本传统印章的概念，给人们一种"好品质"的观感。包装上的坐标、船只百科等"小心机"诉说着百年品牌的勤勤恳恳和专业精神。

◎ 图6-7　East Rock海鲜包装

2. 案例2：T恤包装设计

晃眼看去，以为这是雪糕，其实这是以海滩为元素的限量版T恤的包装设计，如图6-8所示。设计师从海滩的各种场景中获得灵感，创造了一个个生动的卡通形象。T恤是属于夏天的。海浪、沙滩、游泳、垂钓、雪糕……设计师想用一切清凉的元素唤起人们的记忆。另外，"雪糕"的手柄还能起到将衣服从包装中抽出来的作用。

◎ 图6-8 T恤包装设计

陈列的作用：合理地陈列产品可以起到展示产品、刺激销售、方便购买、节约空间、美化购物环境等重要作用。

3. 案例3：有机蔬菜包装设计

该品牌推出的全新视觉形象在简单的包装盒上通过创意的标签贴设计塑造产品特性，旨在表达该有机蔬菜包装在加强可持续室内农业方面的先驱地位。该包装上具有对称性和有机性的插画，外观嵌入对应的叶子插图，视觉上将焦点集中在绿色蔬菜的质量上，便于消费者迅速获取产品信息，如图6-9所示。

◎ 图6-9　有机蔬菜包装

6.5　店铺陈列设计在产品推广运营中的作用

合理地陈列产品可以起到展示产品、刺激销售、方便购买、节约空间、美化购物环境等重要作用。据统计，如能对店面正确地运用商品的配置和陈列技术，销售额可以在原有基础上提高10%。

6.5.1 刺激顾客购买欲

意大利有名的服装设计师乔治·阿玛尼在年轻的时候曾经在意大利的一个百货公司里做橱窗的服装陈列的工作。陈列师出身的阿玛尼对店铺的服装陈列非常推崇。他说:"要为顾客创造一种激动人心且出乎意料的体验,同时又在整体上维持一致的识别度。店铺的每个部分都在传达我的美学理念,我希望能在一个空间、一种氛围中展示我的设计,为顾客提供一种更深刻的体验。"

阿玛尼在自己的专卖店中实践着他的这一理论。阿玛尼的服装是在阿玛尼专卖店特定的环境、特定的灯光、特定的服装陈列方式、特定的服务及特定的品牌文化氛围下销售出去的。可以设想一下,假如把阿玛尼的服装放到一个杂乱无章的批发市场中去卖,还能卖出和现在一样的价格吗?

所以说,陈列方式同样是有价值的,陈列可以促进销售,可以创造价值,可以提升价值感。

单纯地改变陈列就可以带来销售额的增长,甚至可以改变品牌形象!说到底,这是时代发展的必然结果。服装已经从生活必需品变成了快速消费品,成了"时装",不再仅仅是"衣服"。过去人们买衣服只是为了满足"穿"的功能,现在则更多的是为了追求时尚和美。

经济学家通过对服装行业的研究,得出了这样的结论:时装产品每天以 0.7% 的速度贬值。也就是说,你的产品越早卖出去,就越有机会获利。

如何让你的产品更早地卖出去?方法有很多,但首先要做的就是改变陈列,好的陈列是促成冲动购买的催化剂。

著名的杜邦公司的调研数据显示:冲动型购买是快速消费品行业

的重要特点，尤其是服装行业：约 30% 的顾客在到达购物终端前就决定购买某种品牌的服装，约 70% 的顾客是在到达终端后才决定购买某品牌的服装的，而在这 30% 的有购买计划的顾客中，因受到终端影响而改变购买计划的约占 13%。研究表明：原来不打算购买东西的顾客因为受到店面气氛的感染而购买的比例占到 53%，而且这一数字还有增加的趋势。

人们买衣服大都不是计划好的，而是即兴决定的，尤其是女人。这个说法，相信大家都认可吧？有句话说得好："女人的衣柜里永远少一件衣服。"为了这件衣服，就得逛街。所以你们看，潜在顾客是无时不在、无处不在的。所有逛街路过的人都有可能成为目标客户。关键是，如何吸引他们？

心理学研究表明，在人所接受的全部信息当中，83% 源于视觉，11% 来自听觉，6% 分别来自嗅觉、触觉和味觉。这个事实反映了人在感觉方面的生理特点。不知道大家有没有这样的生活经验：小孩子总是对颜色和外在形状特别敏感。例如，他们喜欢穿着颜色鲜艳（如红色）衣服的人；在看《白雪公主》这个动画片时，他们可能听不懂台词，看不懂片子的内涵，但是他们可以清楚地知道王后生气了——因为他们看到王后的脸都变"绿"了。

这说明什么？人天生就对外在的视觉形象十分敏感，尤其是色彩。由于世间万物的颜色和形态丰富多彩，所以在长期的社会生活中，人的眼睛得到了很好的发展。这是人类固有的生理特征。

由此可见，改变店铺的陈列，从视觉上去吸引顾客，是至关重要的手段。某珠宝专卖店设计如图 6-10 所示。鲜红欲滴的墙面展现品牌热烈张扬的个性，精致的壁龛、黑色的顶面上点缀的 LED 灯光仿佛暗夜闪烁的星光，地面大大的色谱地毯像珠宝在灯光下闪耀出的璀璨光芒一样炫目，华美的专卖店设计和个性独特的珠宝设计交相辉映，彰显出佩戴者的尊贵。

◎ 图 6-10　珠宝专卖店设计

6.5.2　展现产品的价值

产品陈列不仅能展示产品的价值，还能提升产品的价值。设想一下，假设 LV 的手提袋是放在路边摆摊售卖的，那人们还愿意花几千元、几万元去购买吗？同样，一件普通厂商生产的衬衣，倘若可以陈列于大商场，价格就会立即翻倍。在顾客的心目中，一件产品处于什么样的档次、到底值多少钱，仅看店铺陈列和氛围就已经有了初步的结论。就像一件衣服，即使面料好、做工精细，但若是陈列做得不好，也卖不出好价钱。

同一件产品，在运用陈列方法之后，也可使顾客改变对其原本的评价。所以，在进行陈列之前，必须先考虑能表现最佳效果的陈列方式。产品受陈列及器具的影响很大，同时也被陈列背景的颜色、材料、小型道具及照明的表现效果所左右。

上海"爱马仕之家"2019年春季橱窗如图6-11所示。两位以彩塑、装置和纸质艺术为专长的艺术家以孩子般的想象力，天马行空地探索自然世界与想象世界的交界，用艺术点亮日常生活中的神奇、魔幻和幽默。

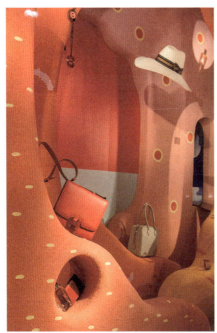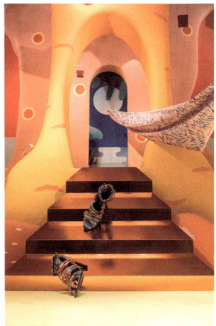

◎ 图6-11　上海"爱马仕之家"2019年春季橱窗

6.5.3　提升品牌形象

品牌形象就是某品牌在市场上和公众心中所表现出的个性特征，也就是消费者对品牌的评价与认知。它包括品名、包装、图案广告设

品牌形象就是某品牌在市场上和公众心中所表现出的个性特征，也就是消费者对品牌的评价与认知。它包括品名、包装、图案广告设计等，包括服务、系统营销工具（如广告、形象片、终端话术等），还包括终端店面形象。

计等，包括服务、系统营销工具（如广告、形象片、终端话术等），还包括终端店面形象。可以说，从企业的整体战略规划到产品的形象设计，再到终端店铺的陈列等，都是品牌形象的构成部分。在终端店铺这一环节，品牌的胜负决定于品牌店铺整体规划，包括产品形象、空间形象、服务形象。

日本古城镰仓荻原肉店设计如图 6-12 所示。肉店的店主希望人们在采购肉类时能有新体验：在小店的入口外左手旁和进门后右侧有价格表，同时肉类十分整齐地一层层堆叠展示，精心设计的照明让产品看起来十分诱人。这样的展示不光适合产品，也有益于人们交流，让人们在这个有着精美设计和精选天然材料的老字号中购物变成一种享受。

◎ 图 6-12　日本古城镰仓荻原肉店设计

陈列是平衡终端库存最为直接和快速有效的手段。陈列决定着库存产品在什么时间、什么地方、以什么形式呈现在顾客面前，因此陈列对库存产品的销售起着非常重要的作用，对产品在库存量上的控制也有着重大的影响。

6.5.4　减少或清空库存

库存令很多企业非常头痛，尤其是服装企业的库存。服饰产品讲究时尚和流行，库存积压不仅会使产品价值大大降低，还会使仓库存放及管理方面的成本增加，更严重者还会因为总卖旧货而影响品牌形象。如何更好地管理库存呢？虽然涉及的因素很多，但陈列绝对是平衡终端库存最为直接和快速有效的手段。陈列是库存产品展示的方式和手段，决定着库存产品在什么时间、什么地方、以什么形式呈现在顾客面前，因此陈列对库存产品的销售起着非常重要的作用，对产品在库存量上的控制也有着重大的影响。

库存和陈列的连接点就是销售，良好的陈列会增加销量，给企业带来好处，如图 6-13 所示。

1　良好的陈列将提高库存周转率，从而降低仓库的运营成本和企业的管理成本

2　良好的陈列将缩短产品的持有时间，增加利润，并增加现金流和产品的资金利用率，使企业良性发展

◎ 图 6-13　良好的陈列给企业带来的好处

货架是陈列的载体，也是仓库的一部分。设想一下，如果今天的库存通过货架满足了大部分的空间要求，那么企业将降低门店的运营费用，因为门店的占用面积会减少，那么投资费用和管理费用都会降低。反过来，库存也会影响到陈列的质量。倘若库存太多，就难以有新颖的、高质量的陈列。如果因为库存太多，店内陈列全部被各种旧

款和打折信息所占据，自然会影响品牌形象。所以说，平衡陈列和库存之间的关系对任何一家企业都有非常重要的作用。

6.6　网站设计在产品推广运营中的作用

网站是鲜活的品牌工具，是品牌要素之首，需要被时时关注。如今的网站不再仅拘泥于电脑桌面，有人的地方就有网站存在，从iPad、智能手机到购物中心，从徒步旅行地到人们的枕头底下，都可以看见网站的身影。网站让企业成为几乎所有人无时无刻不能访问的全球性企业。

让人耳目一新的内容和界面有激活品牌的潜力。网站可能是最接近现实的东西，在很多情况下网站更高效、更方便用户，也更快。对此，我们想想零售就知道了。

好的网站会非常了解其访问者，也有能力吸引访问者一次次来访问。视频开始充斥各种网站，成为介绍和证明企业的手段。很多专家合作创建一个网站，其中包括平面设计和用户体验设计师、信息架构师、开发人员、内容编辑、项目管理人员和可用性工程师。搜索引擎专家已经成为帮助设计团队争取高排名的关键角色。

案例：音乐博客 Noon Pacific（正午太平洋）

Noon Pacific 是一个由个人建立的音乐博客（见图 6-14），用户只要输入邮箱地址，不需要任何的登录操作，接下来就可以坐等每个周一中午推送到邮箱的"好货"。

◎ 图 6-14　Noon Pacific 音乐博客

　　周一正午，用户打开推送至用户邮箱的链接，点击播放，就可以收听到作者从 Soundcloud 为用户挑选的 10 首歌。从摇滚到混音，每首歌都特别的轻快，可以扫除周一带来的消极情绪，喜欢就继续下去，不喜欢就按下一首。

　　如果听完后用户还意犹未尽，播放器会自动播放前一期的专辑。滚动到网站下方的"Mixtapes"，用户还可以选择往期的精选专辑（见图 6-15），偶尔听听这些小众的音乐，可以感受不一样的感觉。

　　除了网页版，Noon Pacific 还在 iOS 和 Android 推出了客户端。Noon Pacific App 除了有播放音乐的功能，没有其他附带的功能，界面十分简洁，打开 App 就直接进入播放界面，如图 6-16 所示。

◎ 图 6-15　用户可以选择往期的精选专辑收听音乐

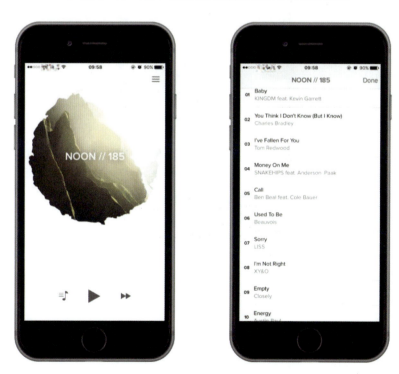

◎ 图 6-16　Noon Pacific App 界面

如果用户想回味往期的专辑，向右滑动界面则可以看到往期的专辑（见图6-17）。虽然每周只推送10首歌曲，但是到目前为止，Noon Pacific已经推送了4000多首歌曲，可以说资源是非常丰富的。

◎ 图6-17　向右滑动界面可以看到往期的专辑

Noon Pacific除了满足用户听觉上的愉悦需求，也很注重给用户以舒适的视觉享受。除歌曲是作者精挑细选的外，每张专辑的封面也设计得很用心，且有着统一的风格（见图6-18）。

◎ 图 6-18　风格统一的专辑封面

第7章

品牌创新设计与发展的管理

随着企业经营环境和消费者需求的变化，品牌的内涵和表现形式也要不断发展变化，以适应社会经济发展的需要。品牌更新是社会经济发展的必然，只要社会经济环境不断发展变化，消费者需求就会趋向多样化，就不会存在一劳永逸的品牌。品牌创新是品牌自我发展的必然要求，是克服品牌老化的唯一途径。品牌并不一定会随着产品的衰退而步入老化，还可以通过开发新产品等方式来维持品牌的生命力。所以，成功的品牌，特别是处于行业领先地位的品牌，品牌维护的重要内容之一就是品牌更新。

品牌为什么需要更新？营销学家科勒曾经指出，由于质量问题、消费者需求的变化、竞争行为或营销环境的改变，企业必须进行品牌重塑。因为品牌不是静止的，而是动态化发展的。市场竞争随时处于变化之中，品牌应该以发展和创新来适应这种变化。当一个品牌发展到一定阶段之后，如果无法及时得到更新，便会陷入一种老化的境地。

7.1 敏锐洞悉外部环境的变化

从识别设计的发展历程来看，其经历了由传统写实绘画风格向现代抽象符号形象的演变，从繁复的图案造型向简洁的图形过渡的漫长过程。伴随着企业的经营变迁、数字媒体的运用、新的技术手段和艺术观念的更迭，以及品牌意识的提高，当代品牌识别设计正由单纯的平面化、静态化向动态化、多元化的方向转变，其设计理念、视觉语言、形式手法等都发生了重大的变革。品牌识别已不仅仅是静态的、孤立存在的图形元素，而是涵盖了多种媒体、多种手段、多种形态的综合体。

何谓"动态"？"动"意味着变化、不确定，意味着发展与运动。识别形象的动态化设计具体表现为标志、色彩等基本要素在不同的场合与媒介中不再以单一、静态的形态固定存在，而是在相关理论原则的指导下，以相当的灵活性与机动性进行变化、发展的设计过程。谈到动态化表达，通常都会想到 2000 年德国汉诺威世界博览会的识别形象，这个由科维尔工作室设计的识别形象从其诞生之日起便备受瞩目，因为无论是视觉表现，还是其背后蕴含的设计理论，都颠覆了传统的设计原则，开创了识别形象动态化发展的全新阶段，堪称划时代的设计。

图形犹如宇宙星象般变幻无穷，具有某种未知的感觉，彻底打破了以往识别形象的固有模式。不断演变的标志图形，流动的、变化的、发展的，这不正代表着我们所处时代的某些特征？快速、交互⋯⋯犹如万物进化般的韵律与节奏。因此，从表面上看，汉诺威世界博览会的识别形象无常态形，然而，其承载的概念却依然清晰：一百多年的世界博览会发展历程，是人类社会工业化、现代化、信息化的真实写照，汉诺威世界博览会所要展现的正是"人类—自然—科技"不断演变的过程。汉诺威世界博览会的识别设计不是一个特例，因为在此前后，一些设计师已经意识到动态化识别设计的可行性及其蕴含的巨大价值，并在设计理念和视觉形象上都进行了积极有效的探索。只不过无论是就其个案的影响力还是推出的时机，汉诺威世界博览会的设计都要远远大于其他项目，这也使得汉诺威世界博览会的识别形象如此的引人注目。

7.1.1　消费者需求的变化

只有被消费者接受和认可的品牌才拥有生命力。消费者需求的变化在很大程度上影响了品牌的发展方向。即使品牌原先的定位正确，但随着消费者需求与偏好的不断变化，品牌原先的形象和定位将不再能满足消费者需求。这时，品牌必然要进行更新，以适应消费者新的需求。

7.1.2　市场环境的变化

市场环境瞬息万变，品牌需要做出及时反应，迅速调整产品战略。在残酷的市场竞争面前，即使是处于领先地位的强势品牌，如果没有持续创新，也很难维持。柯达曾是世界上最大的影像产品及相关服务的生产商和供应商，早已于 2012 年 1 月 19 日申请破产保护。短短数年，数码技术就取代了胶卷技术，柯达的故步自封导致其被市场无情地抛弃。摩托罗拉手机曾是身份、地位的象征，然而却在 2G 时代被诺基亚击败而走向衰落，最终无奈被谷歌收购。诺基亚也曾辉煌多年，所占市场份额居全球第一，看似根本不可动摇。 但是，以苹果、三星为代表的 3G 智能手机的流行使得诺基亚也很快走下坡路……类似的例子举不胜举。可见，即使是行业霸主，如果不适应市场，没有及时转型，也会走向灭亡。

7.1.3　技术进步与媒介发展

识别设计最初多表现为单色、平面的图形组合在点、线、面的二维层面上进行变化。这种平面化造型语言受到现代主义思潮的影响，力求单纯和简洁，更为重要的原因则是受到制作工艺、传播手段、发布技术及制作成本等因素的制约。有限的技术条件限制了设计的应用与发展，使其避免复杂的图形构成，追求简洁的造型设计。但伴随着计算机设计、制版及数码技术在输出制作领域的出现和大规模的推广应用，识别设计在制作流程、加工工艺等方面得到了前所未有的强化，制作更为复杂的识别图形也就顺理成章了。同时，技术的进步大大改变了设计师的意识与观念，视觉表现日趋丰富。可以说，数字技术的发展奠定了识别设计动态化发展的基础。

纵观人类社会的发展历程，每次信息传播革命都把人类文明推向一个新的阶段。而随着电子媒介与交互式媒体的出现，传播者与受众之间传统的相互关系更是发生了前所未有的巨变。以前单一的、静态的传播模式已无法满足受众的需求，人们更加习惯动态的、多媒介的、增加了时间性和交互性的视觉体验，这些都对识别设计产生了深刻的影响。

案例：美国视频拍摄工作室 Terri Timely 品牌标志设计

Terri Timely 是美国加州的一家视频拍摄工作室，主要专注于用独特及幽默的视角制作电视短片、音乐影片及电视广告，其广告客户包括不少知名企业，如亚马逊、三菱、日产汽车等的大客户。

2016 年，工作室的新标志继承了其作品有趣而独特的风格。虽然品牌名称已经与时间有关，但看到品牌形象直接采用字母形成表盘及刻度仍然让人感到意外。

3 个指针的摆放也再次呼应首字母"T"（见图 7-1）。

视频制作与时间轴这个概念紧密相关，指针的转动无疑与视频的播放取得了关联。该品牌标志整体采用简单的线条，字母也采用较简洁的字体，使整个形象显得开朗、简洁。

颜色相当简约，只有 3 种，在黑色边框和字母及近乎白色的背景中，红色秒针的移动让人无法忽略（见图 7-2）。

而在实际的电子媒介应用中，这个时钟成了一笔品牌财产——它真的能走，而且非常准时，当你打开网页时，网页上这个品牌标志的指针所指示的时间与你的电脑所设定的时间是一致的，这种呼应无疑极大地强化了品牌形象。

◎ 图7-2　颜色相当简约

7.1.4　产业发展的推动

传统企业所贩售的基本上都是具体产品，即使是服务行业，其服务内容也是相对固定的，因此，品牌形象往往以统一的形式出现，不寻求过多变化。但是随着技术条件的进步和社会的发展，不断衍生而出的新兴行业所提供的产品更多的是视听内容而非具体产品，以往那种以不变应万变的方法显然不能适应其要求。因此，采用动态化的识别设计能够产生更为积极的品牌形象，而以具体产品为主的企业则很难采用这个模式。这也是产业结构的不断变化与发展对品牌设计所提出的新的要求。

早在20世纪50年代，美国的哥伦比亚广播公司（CBS）就意识到了这一点，在公司总裁弗兰克·斯坦顿和设计总监威廉·戈登的领导下，公司开发出了一套与众不同的识别系统。其标志是以一只眼睛为基础发展起来的图形，眼睛后面的背景是天空，把电视的观看（眼睛）和电视的传播（天空）有效地结合在一起，以营造出一种超现实主义的气氛（见图7-3）。为了保持观众的新鲜感，传达公司不断创新、发展的企业精神，戈登摒弃了以往那种一成不变的固定模式，以眼睛为基本元素保持不变，背景则不断地变换图形，以形成动态发展的知觉形象。眼睛的不变是保持识别形象一致性和延续性的基本手法；而背景的改变，则是变化的内容要求。

◎ 图7-3　CBS 的标志

案例：美国在线品牌形象设计

美国在线是美国最大的因特网服务提供商之一。其新的品牌标志将原先的大写字母"AOL"变换成了"Aol."，保留首字母"A"为大写，后两个字母变为小写，最后增加了一个句号，句号起到衔接内容架构的作用，如 Aol. Classifieds（分类信息）、Aol. Personals（个人）等。在新识别形象中，"Aol."的字母保持不变，但其背景图像会不断变化，如涂鸦、金鱼、滑板、宝丽来相机、叶片、高跟鞋等（见图7-4），完全是不可预知的视觉图景，充分展示作为一家网络供应商的品牌形象：致力于创造最简便和令人激动的内容的互联网体验。

◎ 图 7-4 "Aol."背景图像

7.2 勇敢进行自我突破

7.2.1 品牌战略的转变

品牌战略，是企业以品牌营造、使用和维护为核心，在分析自身条件和外部环境的基础上制订的品牌总体行动计划。品牌战略的最终目的是建立经久不衰的品牌形象，但由于内部条件和外部环境随时处于变化之中，因此只要需要调整品牌战略，品牌形象就应及时进行更新。

案例："陌陌"换上新标志，大力发展视频社交

"陌陌"是陌陌科技于 2011 年 8 月推出的一款基于地理位置的泛社交、泛娱乐平台。用户在这个平台上不仅可以通过短视频、直播等方式生动地展示自己、认识附近的人、加入附近的群组、查看附近的留言、参加附近的活动，还可以和朋友交换地理位置，用有趣的表情聊天等。2017 年 3 月，陌陌科技正式公布了全新彩色品牌标志，并发布了新版本（见图 7-5）。

新的品牌标志代表着陌陌将通过将视频与社交功能的结合为用户提供更加丰富的内容及社交体验，同时也标志着陌陌正式从单纯的基于地理位置的社交平台升级为泛社交、泛娱乐平台。新的品牌标志是基于原品牌标志的升级，延续了原品牌标志的定位标识、对话气泡、眼睛的元素，将定位标识做了倾斜 45° 处理，使得对话气泡与定位标识合并成了一个完整简洁的形象，代表着陌陌作为一家移动社交平台将更好地为用户提供社交服务。

（a）旧标志　　　　　　　　（b）新标志

◎ 图 7-5　陌陌于 2017 年更换了全新彩色品牌标志

　　新的品牌标志启用了红、黄、蓝三原色，从冷色到暖色过渡，寓意是人们通过陌陌的连接从陌生走向熟悉；眼睛图案的使用代表着陌陌用户对这个世界的好奇与探索（见图 7-6）。多重色彩的设计，象征着产品视频化，能够帮助用户更好地分享、记录多姿多彩的生活，享受更多基于视频的娱乐内容。新标志右下角的缺口设计，则表明了陌陌的态度：作为一个开放式社交平台，未来将带给用户更多的想象空间。

◎ 图 7-6　新的品牌标志的色彩和图案

　　新版本的最大改变在于将原有的动态视频与短视频功能"时刻"融合成了新的"视频"功能，并将入口提升到产品主帧"附近"的首页，表明视频功能对于陌陌的重要性。

7.2.2　设计理念的更新

传统的理论研究认为，识别设计应该是固定的，且在相当一段时间内保持不变，以维护统一的视觉形象。但也有学者指出，重复宣传单一的形象容易让人失去新鲜感，并使人产生厌烦的情绪。鲁道夫·阿恩海姆是格式塔心理学派的代表人物之一，其在《视觉思维》一书中写道："积极的选择是视觉的一种基本特征，正如它是任何其他具有理智的东西的基本特征一样。在他们喜欢选取的东西中，最多的是环境中能实时变化的东西。由于机体的需要是由眼睛进行调节的，因此对于变化的东西自然要比不动之物感兴趣得多。"研究表明，视觉对单一不变的东西的反应有着从有意识的自卫到纯粹的转变，是因为静止不变的情景在大脑中产生疲劳等一系列不同的表现形态。英国著名的现代艺术理论家贡布里希认为，当来自外界的刺激和我们的预期相符合时（有秩序感），信息量就小；反之，不符合时（非秩序感），信息量就大（更具新颖性），人的注意力更容易集中。信息量的大小与新颖性成正比关系，在信息传递中，越新颖的目标越容易吸引注意力。由此而见，不论从心理学角度看，还是从信息论的角度看，在来自外界的刺激中，只有那些变化的、新颖的才能持续不断地刺激人们的视觉神经，吸引人们的注意力。

案例：墨尔本的城市形象设计

墨尔本的城市形象设计采用墨尔本（Melbourne）首字母"M"进行了块面的分割，象征着墨尔本这座城市多元、活力、创新的核心价值（见图 7-7）。其识别形象始终保持了字母"M"和切割的视觉格式，在不同的部门及活动中采用不同的形象，变化丰富却相对统一，识别性并没有因为形态的变化而受到影响或减损。相反，由于敏锐地抓住了信息传播的本质，所以标志于不同组合、变化中显现出相同或相似的视觉感受，大大增加了城市品牌的识别性与应用性，避免了长期单一形象所造成的视觉乏味感。

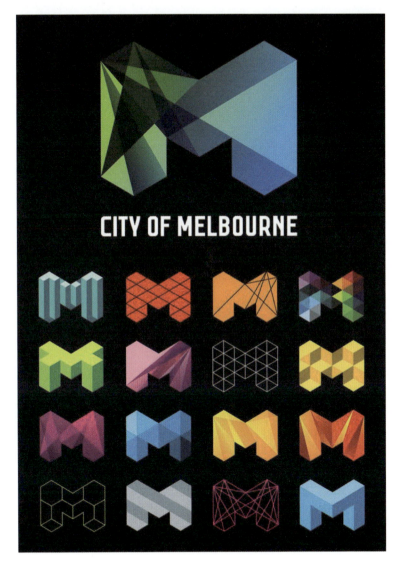

◎ 图 7-7　墨尔本的城市形象设计

品牌的动态识别，并不是放纵的、无序的、单纯追求形式感的，而是基于"识别基因"上的视觉变化——如同构成不同物种特性的基因元素一样。这种基因可以是图形、色彩，也可以是相关的构成方式。"识别基因"在不同的媒介间进行相应的变化，且并不丧失其信息传达的准确性。例如，可以采用统一的品牌标志及文字，但运用不同的色彩与图形元素进行协调配合；对品牌识别采用同源异变的形象策略，寻找那些可感知的共性特征，并以不同结构的方式呈现，从而在视觉上强化其系统表现。这也印证了格式塔的变调性理论，即一个格式塔，即使在它的各构成成分（如大小、方向、位置等）均改变的情况下，格式塔仍然存在或不变。

7.2.3　品牌形象的升级

原有的品牌形象陈旧、落后，无法适应时代的需要和现代市场化的竞争环境，也是企业品牌更新的重要原因。

一方面，品牌形象需要及时反映时代感，符合大众的审美需求。社会经济的发展、商业竞争的日趋激烈、传媒制作技术的提高、应用领域推广的需要和流行时尚的变化，都不断推动着企业进行品牌的升级，采用更能体现时代精神的品牌形象。

另一方面，对于同类的企业、相似的产品，由彼此竞争所带来的同质化现象使多数品牌在复杂的市场环境中面目模糊，缺乏个性。企业要立足于市场，就必须明确自己的特色，及时升级专属的品牌形象，从而在竞争中脱颖而出。

案例：绿伞防蛀防霉片剂的国潮范

绿伞是国内具有老牌底蕴的日化品牌，深耕日化领域多年，具有值得信赖的科研实力，旗下已有多项国家专利级产品，深受消费者喜爱。而在中国传统文化中，端午前后开始暑热潮湿，人们习惯用防蛀防霉片剂祛湿止恶、驱瘟避邪（见图7-8）。2019年，绿伞将一款极具中国特色的产品进行了视觉重塑。

◎ 图7-8　绿伞防蛀防霉片剂原包装

绿伞防蛀防霉片剂的品牌重塑主要从如下几点进行策划突破。

1. 行业领跑者的勇敢突破

防蛀防霉片剂在中国是一款有着诸多包装限制的产品：一定要有"低毒"字样，必须注明对二氯苯含量……而绿伞则有着独一无二的产品优势——经严格审核后颁发的农药证书。国家认可，技术领先，领跑者地位，成为本次品牌重塑与消费者信息互动机制里需要打通的几个关键点。

在认清自己的位置后，负责品牌重塑的设计团队对"民族品牌"这一概念进行了市场分析，得到的结论也在意料之中。天猫消费大数据统计显示，在 2018 年搜索"中国风"相关商品的用户增长了 14.73%。这说明，随着中国国力的提升，物质不断丰沛，"90 后""95 后"其实比我们想象中更喜欢中国风。随着国潮的不断复兴，消费者越来越发现，会玩的老品牌在文化背景下渗透出来的味道让人更熟悉、更舒适、更安心。

当民族品牌的革新欲望和人们对国货不断增强的需求发生碰撞时，品牌重塑的策略就变得愈加清晰了。

2. 字号（品牌）的诞生

（1）灵感。

在中国，字号的概念意味着秉承传统，老字号通过板正的字体给人以老实、下功夫、货真价实的视觉感受。

"香生记"原为防蛀防霉片剂打造，后成功独立成为绿伞专注家居香氛解决方案的子品牌。设计团队以"香生记"为灵感进行设计，"香生"取自"有品质的生活"，寓意生机勃勃、活色生香，是对防蛀防霉片剂产品属性的提炼。"香生记"兼具老品牌的质感和识别度，增强了消费者的信任度，也象征着一种有追求、有品位的生活方式。此次品牌重塑的策略口号是"Beautiful life 香生记""国货民族精品，专注防蛀防霉"。一语双关的口号既点出了产品的核心卖点，又承载了香生记在行业内国货精品的定位。

（2）字号新形象的诞生。

设计团队剔除了老字号字体中板正的文字形象，保留了端正的结构，模拟中国书法的韵律，规范了字体笔画，优化了笔画细节。由"香生记"三个字组成的标志成为包装品牌形象中一个极精致的装饰，其经规划的毛笔线条流畅简练，有很强的中国文化韵味（见图 7-9）。

◎ 图 7-9　重塑后的品牌标志

3．包装元素的设计

（1）图像元素的提取——桃花枝、晚清时期的通草富贵妇人像。

设计团队在经过细心思量后，遍寻古画，决定以极具中国特色的早春风光为主题，并以富有时代感的手法对传统创作进行重塑（见图 7-10）。

◎ 图 7-10　以极具中国特色的早春风光为主题

另外，由于香生记的品牌理念是以香氛感提升生活品质，因此采用了晚清时期的通草富贵妇人像（见图 7-11）。在形象绘制上，设计团队结合了西方设计中的构图理论，并使用了西方绘画的质感、画面形式，将字体、配色和色调嵌入中国独有的文化语境中。这种和谐的冲突感形成了民国设计美学的最大特点，并在包装中实现了更好的融汇，形成极具东方风情的国际品牌特色。

◎ 图 7-11　强辨识度的视觉语言——晚清时期通草富贵妇人像

（2）口号——别让好运都霉了。

作为一款低毒产品，绿伞希望传递给用户的感受是专业、友好、安全。传统的包装难以兼顾功能性和用户的友好体验，因此在设计过程中，设计团队参考了市场上的产品，并依据中国人的使用特点，提出"别让好运都霉了"的品牌口号，提醒更多的人关注防蛀防霉，关怀家中的品质细节。

（3）场景式香型的设计。

通常，市场上的防蛀防霉片剂的味道刺鼻难闻，且其中增加的香料给人的感受也较为趋同——大多是薰衣草和樟木味。基于此，绿伞希望能通过场景增添用户的情感体验：天然的防霉包含阳光和通风两个条件，故而在香型设计上，绿伞研发团队增设初春暖桃味、微风轻茶味、经典原木味和流金墨松味。

（4）独立密封分装 + 百年传承铁罐装（见图 7-12）。

◎ 图 7-12　独立密封分装 + 百年传承铁罐装

分装结构的优化，完美保留住每颗片剂的有效成分，解决了长久以来用户不敢用手直接触碰低毒品的问题。同时，独立包装设计也解决了因为侧漏散发香味而丧失功效的问题。

为了更方便家庭使用，设计团队在日常通用装的基础上增设了百年传承铁罐装，人们只需根据个人需求更换内装，简单轻松。精致的铁罐设计不仅可以装点家居生活，还有效防止了儿童的误食。

这款潮品国货的品牌重塑抓住了香生记在精品零售领域的契机，挖掘了绿伞品牌在未来拓展的潜力。

7.2.4　品牌重命名

命名是一个复杂的、富于创意的、反复的过程，设计团队需要在语言、营销、调研和相关法律法规领域有丰富的经验。即使对专家来说，让其为如今的企业、产品或服务找一个合适的、能够被依法保护的名称也是一个很大的挑战。

另外，必须按照定位目标、绩效标准和行业内的有效性来评估名称。希望人们喜欢一个名称，这很自然，但是意义和联系的建立需要时间。

2018年，美国快餐品牌Dunkin'Donuts（唐恩都乐）正式更名为Dunkin'，这是一个更短、更简单、更现代的品牌名称（见图7-13）。对于此次更名，品牌负责人表示：不是为了改变而改变。此次品牌重塑向公众释放出一个明确的信号，那就是在Dunkin'里有一些新东西值得人们尝试。尽管这是一个充满活力、勇往直前的品牌，但他们依然对其传统产品（即甜甜圈）保持敬意。尽管品牌名称里不再出现甜甜圈（Donut）的身影，但顾客依然可以在门店内买到各式各样的甜甜圈。

◎ 图 7-13 Dunkin'Donuts 更名为 Dunkin'

　　随着品牌的重命名，所销售产品的比重也有所调整：将甜甜圈依然留在菜单上，把甜甜圈的摆放位置从柜台后面的架子上挪到了收银柜台上；将咖啡作为占比为 60% 的主导饮料，同时新增减肥菜单、冷冲咖啡和吉事果等。相关数据显示，这些测试门店的甜甜圈的销售额均开始上涨。

　　2018 年，英国皇家邮政 UK Mail 被德国邮政 DHL（见图 7-14）收购并更名为 DHL Parcel UK。在品牌重塑的过程中，英国皇家邮政的 50 多个仓库和物流站点都进行了重命名。重命名是一个渐进的转变和里程碑，代表着英国皇家邮政在包裹市场上的价值，以及希望与 DHL 携手共同开创新的征程，为客户提供更广泛的国际、国内产品，造福正在壮大的英国交付市场。

◎ 图 7-14　DHL 的品牌标志

参考文献

［1］殷辛. 品牌形象设计［M］. 武汉：华中科技大学出版社，2011.

［2］夏卫平. 产品管理六步法［M］. 上海：上海交通大学出版社，2015.

［3］华红兵. 顶层设计——品牌战略管理［M］. 北京：清华大学出版社，2013.

［4］斯通. 如何管理设计流程：设计执行力［M］. 刘硕，译. 北京：中国青年出版社，2012.

［5］柴邦衡，黄费智. 现代产品设计指南［M］. 北京：机械工业出版社，2012.

［6］陈根. 设计营销及经典案例点评［M］. 北京：化学工业出版社，2016.

［7］乌利齐，埃平格. 产品设计与开发［M］. 杨青，等译. 5版. 北京：机械工业出版社，2015.

［8］克劳福德，贝尼迪托. 新产品管理［M］. 刘立，王海军，译. 11版. 北京：电子工业出版社，2018.

［9］特罗特. 创新管理与新产品开发［M］. 陈劲，译. 5版. 北京：清华大学出版社，2015.

［10］闫荣. 产品心经：产品经理应该知道的60件事［M］. 2版. 北京：

机械工业出版社，2016.

[11] 郝志中. 用户力：需求驱动的产品、运营和商业模式 [M]. 北京：机械工业出版社，2016.

[12] 瓦格，卡格，伯特瑞特. 创新设计：如何打造赢得用户的产品、服务与商业模式 [M]. 吴卓浩，郑佳朋，译. 北京：电子工业出版社，2014.

[13] 莱曼，温纳. 产品管理 [M]. 魏立原，黄向阳，译. 北京：中国劳动社会保障出版社，2004.

[14] 高斯，温伯格. 从需求到设计 [M]. 褚耐安，译. 台北：经济新潮出版社，2017.

[15] 代尔夫特理工大学工业设计工程学院. 设计方法与策略：代尔夫特设计指南 [M]. 倪裕伟，译. 武汉：华中科技大学出版社，2014.

[16] 马丁，汉宁顿. 通用设计方法 [M]. 初晓华，译. 北京：中央编译出版社，2013.

[17] 九儿设计. 视觉营销：打造网店吸引力 [M]. 北京：电子工业出版社，2012.

[18] 恒盛杰电商资讯. 电商视觉营销 11 条商规：网店视觉设计定律 [M]. 北京：机械工业出版社，2015.

[19] 摩根. 视觉营销：橱窗与店面陈列设计 [M]. 北京：中国纺织出版社，2019.

[20] 杨大筠，田颖. 陈列是门技术活：旺店陈列的制胜绝招 [M]. 北京：人民邮电出版社，2013.

[21] 惠娜. 论设计管理在当前经济环境下对于企业经营的重要性 [J]. 经济研究导刊，2017，（33）.